Mandrágoras, Clínica Psicanalítica:

Freud e Winnicott

Sérgio de Gouvêa Franco

Manoel Tosta Berlinck

Karin Hellen Kepler Wondracek

PSI
PRIMAVERA
EDITORIAL

Sumário

Prefácio

Sérgio de Gouvêa Franco e eu dialogamos há anos no Laboratório de Psicopatologia Fundamental do Programa de Estudos Pós-Graduados em Psicologia Clínica da Pontifícia Universidade Católica de São Paulo (PUC-SP). Além disso, Sérgio é um colaborador próximo na Associação Universitária de Pesquisa em Psicopatologia Fundamental.

Nosso diálogo passa pela psicanálise freudiana, pela religião, pela filosofia, pela educação superior e pela pesquisa. Quando Sérgio traz reflexões sobre a psicanálise de Winnicott, escuto, mas não falo, pois minha familiaridade com esse autor é superficial. Mas reconheço no que diz um profundo estudioso do famoso psicanalista inglês.

Nosso diálogo é sempre uma aventura do espírito e creio ser isso o mais atraente nas conversas que mantemos. Além de ser um erudito, um filósofo que conhece muito bem a epistemologia da ciência, Sérgio é um pensador refinado, sempre sugerindo questões para nossas convicções, sempre chamando atenção para nossos preconceitos. Possui, também, um refinado sentido de realidade, pois já ocupou o cargo de reitor da Fundação Escola de Comércio Álvares Penteado (Fecap), um centro universitário de excelência.

Agora ele me apresenta um livro e pede que eu escreva um breve Prefácio. Fico honrado e orgulhoso de ser coautor desta obra que é, principalmente, de Sérgio. Esta fala, entretanto, de nosso diálogo, e por isso entendo sua decisão de me incluir nesse lugar.

Examinando o livro, fiquei impressionado com a qualidade da escrita de Sérgio Franco. Os temas abordados são claramente clínicos, falam de um psicoterapeuta e de um pesquisador, combinação que define o psicanalista. Os temas tratados são pertinentes e relevantes para a clínica e enriquecem o leitor.

É, pois, com grande honra e prazer que escrevo este Prefácio. Não farei, aqui, uma viagem pelos textos que compõem este livro. Deixo essa tarefa para o leitor, com a promessa de que não se arrependerá.

Manoel Tosta Berlinck

Introdução

Mandrágora é uma planta a que se atribuem propriedades medicinais. Fala-se de um efeito analgésico, alucinógeno e, sobretudo, supostos efeitos afrodisíacos. A planta está referida em episódio no livro do *Gênesis*, o primeiro do *Antigo Testamento*, precisamente em *Gênesis* 30.14. Sabemos que Jacó tinha duas mulheres, Raquel e Lia. Raquel era sua querida, mas não tinha filhos, e Lia tinha. Ruben, filho de Lia, encontra no campo a desejada planta. Raquel tenta tomar a mandrágora encontrada pelo filho de Lia a fim de ter uma noite de amor com o marido Jacó. A palavra hebraica para mandrágora tem uma raiz comum com a palavra amor. Raquel afirma que Jacó se deita com Lia por causa da mandrágora. No livro de *Cantares*, um poema bíblico de amor, mandrágora é referida como cheirosa, e sugere-se que melhore as condições da intimidade (conferir *Cantares* 7.13). Shakespeare menciona a planta em *Romeu e Julieta*; acredita-se que o medicamento tomado por Julieta, para se passar por morta, teria sido feito à base de uma mandrágora.

Chamar o livro de *Mandrágoras* é fazer uma referência a sentimentos fundamentais do ser humano, presentes na literatura antiga e renascentista que, em grande medida, sustentam nossa cultura. Tem relação com o amor do homem Jacó, com a intriga e os ciúmes entre Raquel e Lia, com a excitação sexual descrita no livro de *Cantares* de Salomão e com a poesia de Shakespeare. Sabemos que Freud reconhecia, muito antes do aparecimento da psicanálise, que, mais do que cientistas e filósofos, são os poetas que melhor conhecem a alma humana. Freud cita, mais que qualquer outro autor, Shakespeare e Goethe. Menciona também a Bíblia, cheia de inspirações e *insights* profundos sobre a alma humana. Mandrágora evoca a poesia, o amor, o prazer, a literatura profunda e a esperança de que, de algum modo, o melhor se concretize em nossa vida. Entrego este livro a respeito de psicanálise de Freud e Winnicott com o encantamento que a paixão provoca e com o rigor que a inteligência demanda. Que ele produza no leitor alguns dos efeitos que produziu nos autores.

São artigos escritos pouco antes, durante e após meu pós-doutoramento em psicologia clínica na PUC-SP, depois do doutorado na Unicamp e da formação em psicanálise no Instituto Sedes Sapientiae. Refletem meu trabalho clínico e intelectual durante um período de cerca de dez anos, resultado de muito esforço e interação com psicanalistas e intelectuais dessas e de outras instituições.

A coletânea está dividida em duas partes: na primeira, estão os artigos que se assentam, sobretudo, em Freud - sua vida, seu pensamento, sua clínica e o que isso produz em mim. A segunda inspira-se, em grande medida, em Winnicott. A divisão não é rígida; Freud está na segunda parte e Winnicott na primeira, além de Fédida, Lacan... Talvez estes (Freud e Winnicott) sejam as maiores influências em minha carreira de psicanalista. Não apenas eles, que não conheci a não ser por meio dos livros. Rubem de Azevedo Alves, sensível orientador do doutorado, Manoel Tosta Berlinck, generoso orientador do pós-doutorado, Moises Rodrigues da Silva Junior, o corajoso primeiro analista, e Ana Maria Sigal, a penetrante segunda analista, e Maria Helena Fernandes, supervisora querida. Estes me influenciaram e apresentaram possibilidades de novos caminhos na minha vida e tantos outros. Os artigos foram elaborados em grande medida no ambiente do pós-doutorado no Laboratório de Psicopatologia Fundamental da PUC-SP, e também no ambiente do Sedes e da Associação Universitária de Pesquisa em Psicopatologia Fundamental, a qual integro como pesquisador. Refletem meus estudos que passam pelas ciências duras e exatas, pela religião, pela filosofia e pela psicanálise. Refletem minhas experiências de amor, sobretudo com Tatiana, com meu filho Mateus, com pacientes, amigos, parentes e parceiros de sofrimentos e de crenças. Menciono aqui o psiquiatra argentino Carlos José Hernandez e também os parceiros deste livro, Manoel Tosta Berlinck, já citado, e Karin Wondracek. Outros ainda: Beatriz Aguirre, Maurício Porto, Sandra Navarro, Paulo Augusto Costivelli, Claudio Waks... Obrigado a todos.

Ainda que os artigos tenham sido escritos individualmente, todos se lastreiam em um mesmo matiz existencial, que promove unidade. Acompanhamos Freud, sua doença e sua velhice no artigo inicial, sobre o desconhecido paciente chamado AB. Lutamos para integrar ou recusar a integração da sexualidade e da religião no segundo. Sofremos com Nancy no terceiro; sua pele toda esburacada testemunha um ego também esburacado; vivemos mecanismos muito primitivos e a necessidade de renovação da técnica. Os três artigos seguintes são estudos específicos na obra de Freud, de uma perspectiva clínica. O primeiro deles pesquisa a evolução da noção de realidade e mostra que o modo como se lida com a realidade é um indicador nosográfico fundamental. O estudo sobre Dora coloca em descoberto a delicadeza da rede complexa dos amores e das identificações na histeria e na neurose em geral. Quem achar que conhece a histérica, podemos dizer, perdeu-a. O tornar-se mulher (e o tornar-se homem, precisamos admitir) é sempre muito enigmático; cabe ao analista estar inteiramente aberto ao inédito do outro. O terceiro artigo lida com a questão da técnica em Freud. Sabemos que os problemas técnicos nunca são apenas técnicos, e sim relativos às questões da transferência, da contratransferência e às questões metapsicológicas.

A seção sobre Winnicott principia com o artigo "Psicopatologia e o viver criativo", texto que põe em circulação a relação Freud-Winnicott e entre as experiências de desamparo e criatividade. Mostra como na psicopatologia fundamental, criada por Fédida e desenvolvida por Manoel Berlinck, o fundamento pático pode gerar soluções criativas que permitem que a vida siga em frente. Em "O brincar e a experiência analítica", há um mergulho profundo nas ideias e nas experiências clínicas de Winnicott. A espacialidade e a temporalidade não convencionais desse autor são estudadas como propiciadoras de uma sessão lúdica, que permite construir um jeito novo de ser e de viver. Fica evidente também a radicalidade da proposta psicopatológica de Winnicott, que aproxima a loucura da vida saudável e criativa, e denuncia um ajuste à realidade que só promove a submissão e a doença. O capítulo seguinte, "A criatividade na clínica psicanalítica", tematiza a espontaneidade como instrumento fundamental do analista que busca gerar confiança, autenticidade e segurança em seus pacientes. O último capítulo, "O atendimento de pacientes difíceis", trata da transformação da técnica, segundo as noções de falso e verdadeiro selves, e das experiências de contratransferência do analista.

Recentemente, em especial depois que me tornei, por quase cinco anos, reitor da Fecap, a psicanálise tem-se associado em minha vida aos sofrimentos que o homem do trabalho e do negócio experimenta. Tenho ouvido com cuidado esse sofrimento em meu consultório. Também tenho-me interessado mais profundamente pela relação entre psicanálise e educação. Esses dois temas, entretanto, não são abordados neste livro. Ficarão para o próximo.

Bom proveito.

Sérgio de Gouvêa Franco

Parte I

FREUD

Freud e o caso AB:

ENTRE A ESPERANÇA E A RUÍNA[1]

Sérgio de Gouvêa Franco e Karin Wondracek

"Não tente viver para sempre... Você não vai conseguir."
Bernard Shaw, citado por Freud (Gay, 1989, p. 386).

Correspondência entre Karin e Sérgio

Caro Sérgio,

Passados alguns anos da tradução das Cartas entre Freud e Pfister, *meus olhos e ouvidos voltam-se para outros aspectos da correspondência. Os conteúdos mais manifestos, já abordados em outros estudos, estão se esmaecendo, e algumas nuances começam a se destacar. Certas facetas de Freud, não explicitadas em seus escritos e biografias, tornam-se mais palpáveis. Uma delas diz respeito à sua clínica nos anos tardios, após a Primeira Guerra Mundial e durante sua "guerra particular" contra a moléstia na boca. Nesse sentido, gostaria de destacar as cartas que tratam do encaminhamento do paciente AB a Freud. Por meio destas, penso que podemos conhecer mais da sua clínica madura e também das suas crises como analista que depara concretamente com sua própria finitude. Que tal investigarmos esses anos, que tal escrevermos sobre o paciente AB?*

Com amizade,

Karin, 22 de novembro de 2005.

---

1 Este capítulo foi originalmente apresentado em encontro do dia 14 de setembro de 2006 do Laboratório de Psicopatologia Fundamental da PUC-SP; e, em parceria com Karin Wondracek, publicado em forma de artigo nos seguintes periódicos: *Revista LatinoAmericana de Psicopatologia Fundamental*, v. 10, n. 4, dez. 2007, p. 591-613; e *LatinAmerican Journal of Fundamental Psychopathology on-line*, v. 6, n. 2, nov. 2006.

Estimada Karin,

Desde sua sugestão de investigarmos o desconhecido caso AB de Freud no fim do ano passado, muito aconteceu em mim acerca desse assunto. Com sua ajuda, mergulhei no clima da clínica freudiana dos setenta anos. Alguém poderia questionar a abordagem de um caso pela investigação do analista. Mas não é sempre isso o que temos: o relato do analista acerca do caso? Sabemos que todo caso é uma construção, que inclui a experiência do analista não apenas com aquele paciente, mas com muitos, não apenas com os pacientes, mas com sua própria vida. O caso é particularmente intrigante porque Freud resistiu a atender o rapaz. Ao que tudo indica, Freud via de algum modo dramatizado nesse atendimento seu próprio sofrimento. Claro que Freud não se mistura no paciente, mas dizer que um analista não é atingido pelos seus atendimentos, isso é bobagem. De fato, sempre nos curamos na cura dos nossos pacientes; isso se o atendimento evolui bem.

Apresento um texto que consolida AB em Freud, em mim, talvez em você.

Atenciosamente,

Sérgio, 28 de junho de 2006.

Antecedentes

Situada às margens do rio Danúbio, a capital da Áustria foi um dos mais importantes centros culturais da Europa no tempo de Francisco José I. O Império Austro-Húngaro foi governado por ele entre 1848 e 1916, período em que a cidade se modernizou e se embelezou; a população cresceu enormemente. Na avenida-anel que a envolvia, era possível admirar construções como a Ópera, a Universidade, o Parlamento, erguidas em estilo barroco ou neorrenascentista. Nos séculos XVIII e XIX, não havia *locus* musical mais importante: Vivaldi, Beethoven, Chopin e Schubert; mesmo que não se deseje, é necessário citar Strauss. É a Viena que se orgulha do gênio de Mahler, dos compositores Arnold Schöenberg e Alban Berg, dos pintores Klimt e Kokoschka.

A Primeira Guerra Mundial mudou muitas coisas. De capital do Império, Viena passa a capital da pequena república austríaca. São tempos difíceis: fome, insuficiência de aquecimento e iluminação nas casas. Jones diz sobre Freud: "Era preciso um espírito forte para aguentar ficar sentado, tratando de pacientes, por horas seguidas em um frio mortal, ainda que usando um sobretudo e grossas luvas" (Jones, 1989, p. 21). O pós-guerra acrescenta preocupações a Freud. Era difícil obter notícias do filho mais velho prisioneiro de guerra na Itália. A situação econômica era desanimadora. Freud perdera quase todas as suas economias. Seus ganhos não acompanhavam a inflação. Decidiu aceitar norte-americanos e ingleses como pacientes e analistas em formação, para receber em moeda forte. A separação da Hungria aumentava as dúvidas sobre o futuro da psicanálise. Ferenczi parecia distante em Budapeste. Ainda que houvesse boa circulação de suas ideias em Londres, sofria antagonismo no mundo de fala alemã. Os acontecimentos geraram desalento em seu espírito.

1920 e 1923

Dois anos após o fim da guerra, Freud sofreu dois fortes golpes. O primeiro foi a morte de seu amigo Toni von Freund, que faleceu por conta de um câncer abdominal. Apenas três dias após seu enterro, chegaram notícias de que sua filha Sophie na Alemanha estava acometida de grave e inesperada doença. Não havia trens de Viena para a Alemanha. Freud não conseguiu ir a Hamburgo; mesmo Oliver e Ernst em Berlim só chegaram quando sua irmã já está morta. Freud ficou perplexo, a moça com 26 anos gozava de saúde perfeita, estava feliz desfrutando seus dois filhos. Ele escreve a Jones comentando a morte da filha: "O pobre ou feliz Toni von Freund foi enterrado na última quinta-feira... Lamento saber que seu pai agora está na lista, mas todos temos de estar e pergunto quando será minha vez. Ontem passei por uma experiência que me fez desejar que não demore muito" (Jones, 1989, p. 36). Para Ferenczi diz: "Quanto a nós? Minha mulher está inteiramente arrasada. Penso: *La séance continue*. Mas era um pouco demais para uma semana" (Jones, 1989, p. 36).

O ano de 1920 pode ter sido difícil, mas 1923 foi ainda mais. Freud trabalhou o início do ano com sua força e intensidade habituais. Como nos demais anos, ansiava pelas longas férias de verão: passear pelas montanhas, estação de águas, visitas turísticas, pensar e escrever sobre psicanálise. Ele procurava evitar, mas às vezes recebia pacientes nas férias, ou analistas em formação, pessoas que subiam aos Alpes de seu descanso. Sempre se preocupou com a própria saúde, sabia das deficiências de seu coração, mas, na verdade, até esse ano Freud trabalhou sem poder reclamar de falta de vigor. Ficou sabendo nesse ano do suicídio de sua sobrinha Caecilie Graf, de apenas 23 anos. Muito mais significativo para sua biografia foi o reconhecimento, em fevereiro de 1923, daquilo que ele chamou de "[...] um tumor leucoplásico em meu maxilar e palato". Uma leucoplasia é um tumor benigno associado ao consumo de tabaco, com o qual Freud se deliciava. Sabemos que entre (aparentes) erros de diagnóstico e terapêutica, essa suposta leucoplasia virou câncer; Rodrigué sustenta que foi o mau tratamento que provocou o tumor maligno[2]. De qualquer forma, esse tumor na boca de Freud demandou cirurgias sem fim, ajustes, prótese, enorme sofrimento físico e psíquico e finalmente levou-o à morte em 23 de setembro de 1939.

Freud foi ver o dermatologista Maximilian Steiner, depois de certa resistência inicial. Em abril de 1923, mostrou sua boca a Felix Deutsch, que havia sido por algum tempo seu clínico-geral. Deutsch achou que a lesão era câncer: um epitelioma para usar o termo técnico, mas não revelou sua opinião a Freud. É difícil entender, mas Freud procurou então um médico que, segundo sua própria avaliação, era um medíocre profissional. Marcus Hajek foi quem operou Freud pela primeira vez, no ambulatório de sua clínica. O médico, a clínica, enfim, todo o arranjo dessa primeira cirurgia é tão improvisado, que se abre a possibilidade para uma pergunta. Teriam Freud e Hajek feito uma aliança inconsciente? Não desejaram ambos minimizar os acontecimentos? Hajek trata a intervenção como algo banal. Freud nem avisa em casa. Contudo, algo foi mal durante a operação: a hemorragia foi intensa e o pós-operatório, complicado. O local e o atendimento eram inadequados. A noite seguinte quase foi a última de Freud. Com ele, alocado no mesmo quarto, ficou aquele que Anna descreveu mais tarde como "o anão retardado" (Gay, 1989, p. 384). Freud começou a sangrar de madrugada, ele teria apertado a campainha, mas esta não funcionava. Freud ficou desamparado. Foi o anão quem saiu para buscar ajuda, e a hemorragia foi controlada.

---

2 Emilio Rodrigué faz uma extensa pesquisa nessa direção, sustentando que o câncer de Freud é iatrogênico (Rodrigué, 1995, p. 107-118).

Os discípulos mais próximos tentaram esconder os supostos fatos médicos ao grande nome. Mas Freud reagiu com vigor, esteve contra os que pretendiam minimizar ou negar os acontecimentos. Ele queria viver tudo com coragem, sem retocar a realidade. Em 1923, foram feitas ainda duas novas operações, conduzidas agora com sucesso pelo especialista dr. Hans Pichler. Freud se preparou para o pior, mas a doença não iria levá-lo senão 16 anos depois. Após as intervenções de 1923, seguiram-se muitas outras, pequenas e grandes, sempre pelas mãos do dr. Pichler. Muito do apego à filha caçula Anna surge no contexto do apoio que dela recebe por conta da doença na boca. O ano de 1923, entretanto, tinha ainda mais sofrimentos para impor a Freud.

No verão de 1923, portanto, após a primeira cirurgia, Freud estava de luto pelo seu amado neto Heinele: o menino de 4 anos era o filho mais novo de Sophie (que morrera em 1920). Freud convivera intensamente com a criança porque Mathilde e o marido - que na prática a adotaram - a trouxeram a Viena por meses. Escrevendo sobre o menino à morte, Freud diz: "[...] ele era realmente uma pessoa encantadora, e eu mesmo sei que dificilmente algum dia amei um ser humano, e certamente nunca uma criança, tanto quanto a ele" (Gay, 1989, p. 385). O diagnóstico fatal foi tuberculose miliar. Depois da morte de Heinele, Freud disse: "Estou suportando muito mal essa perda, creio que nunca experimentei nada mais duro... Fundamentalmente tudo perdeu seu valor" (Gay, 1989, p. 386). Freud estava mais abatido com a perda do neto do que com o diagnóstico de câncer. Peter Gay produz uma frase forte, depois que sua "querida criança" morreu, Gay diz: "[...] o homem sem lágrimas chorou" (Gay, 1989, p. 386). Escrevendo para Ferenczi, afirmou: "Isso está ligado a meu atual desgosto pela vida. Nunca tive uma depressão antes, mas agora deve ser uma" (Gay, 1989, p. 386). Para Eitingon, escreveu, em agosto: "Ainda estou sendo torturado na boca e obcecado por uma saudade impotente pela querida criança".

Três anos mais tarde, em 1926, escrevendo para Binswanger que perdera um filho, Freud comparou os sofrimentos e explicou o seu: "Eu suportei admiravelmente bem [a morte de Sophie]. Era o ano de 1920, estava-se esgotado pela miséria da guerra, preparado durante anos para ter a notícia de que se perdera um ou até três filhos. Assim, a resignação ao destino estava pronta". Mas a morte do neto representava em sua mente a morte de "[...] todos os meus filhos e os outros netos, e desde então, desde a morte de Heinele, não me interesso mais por meus netos, e também não tenho mais prazer na vida. Este também é o segredo da indiferença - as pessoas chamam de coragem - com relação ao perigo para a minha própria vida". Quando Ernest, o irmão mais velho de Heinele, aquela figura ao mesmo tempo famosa e desconhecida do "fort-da", veio passar uns dias com os Freud, em 1923, Sigmund afirmou: "[...] não o considerei nenhum consolo" (Gay, 1989, p. 387).

Rank e Abraham

Freud chegou a meados da década de 1920 com grandes questões intelectuais, as quais nem de longe eram puras abstrações para ele. Tudo passava por sua clínica e pelos acontecimentos pessoais e sociais. Os sentimentos privados e as generalizações científicas se retroalimentavam. Freud era muito cuidadoso, rigoroso, não confundia os planos, mesmo assim sua ciência nascia de sua vida. Nas mãos de nossos adversários intelectuais, a frase é munição para desvalorizar Freud e a psicanálise. Algum objetivante quererá a separação metodológica radical do sujeito e do objeto do conhecimento. Quem desvalorizará a herança cartesiana? O que não se pode deixar de destacar é o arsenal intelectual e técnico que Freud criou, exatamente para estudar a subjetividade humana. A assepsia metodológica positivista ganha nota dez, mas à sua frente o objeto de estudo desaparece: onde está a subjetividade humana? O jogo delicado, intrincado, arriscado, que reconhece a circulação da transferência é o que permite manter vivo nosso objeto de estudo. Não há escape: para estudar o humano é preciso se envolver com o humano, se deixar ser atingido por essa experiência.

A essa altura da vida, Freud não queria perder amigos, parentes, discípulos. Ele considerava Otto Rank inteiramente confiável. Depois da guerra, era tão leal, que Freud o tomava de modo filial. Alguns anos depois, começara a manifestar opiniões as quais apontariam para o desfecho inteiramente inesperado desse relacionamento. *Inibições, sintomas e ansiedade*, de 1926, só pode ser entendido à luz das dificuldades entre Freud e Rank. Freud tinha investido muito nele desde 1905, quando apareceu com seu manuscrito, *O artista*, à mão. Este apoiou sua formação como analista, nomeou-o para redigir atas do grupo das quartas-feiras e incentivou sua participação nas reuniões, empregou-o como assistente editorial, ajudou a financiar seus estudos e viagens de férias. Fazia parte daquele pequeno grupo que circulava muito próximo de Freud. Rank, a caçula Anna e Pfister foram os primeiros analistas leigos, aconselhados por Freud a dispensar o estudo da medicina como pré-requisito para a prática da psicanálise. Rank retribuiu o prestígio que Freud lhe dava com trabalho: escrever, editar e analisar.

Freud foi o último a suspeitar de Rank, ou o último a admitir qualquer suspeita a respeito dele. O livro que escreveu em parceria com Ferenczi, *O desenvolvimento da psicanálise*, apontava certo otimismo terapêutico que contrariava a ideia de que a análise é trabalho árduo e extenso. Mas certamente o conflito tem relação com a publicação de *O trauma do nascimento* em 1923. Dedicado a Freud, o livro aponta para o nascimento como a origem principal da angústia, não os conflitos posteriores no circuito *filho, mãe e pai*. Freud não reagiu ao livro. Tentou desfazer o sentimento entre os mais próximos de que Rank era o novo Adler ou Jung. Minimizou as diferenças, lutou para desfazer mal-entendidos. Abraham levantou armas contra Rank, Jones acompanhou Abraham, Ferenczi defendeu seu parceiro de livro. Em 1924, Rank foi para os Estados Unidos: as disputas continuaram por carta. Um psiquiatra norte-americano escreveu a Freud afirmando que Rank dizia heresia nas Américas. Freud respondeu minimizando a importância da divergência. Escreveu também a Rank, aconselhando-o a deixar um caminho aberto na direção das posições partilhadas pelo restante do grupo. Eitingon divulga na Europa pensamentos contra Rank, e Anna também. De volta à Viena, enaltecido pelo destaque encontrado na América, Rank renuncia a seus vários cargos no círculo psicanalítico. Ferenczi para de defendê-lo. Para tristeza de Freud, Otto Rank vai embora.

No verão de 1925, Freud teve algo mais com o que se preocupar além da defecção de Rank: a saúde de Abraham, que escreveu da cama para Freud. Tinha voltado com bronquite de uma série de conferências na Holanda. Entre pioras e melhoras, o pulmão de Abraham não se recuperou. Assim mesmo, ele foi ao Congresso de Psicanálise em Homburg, mas sua saúde piorou. Acessos de febre, dores, problemas na vesícula biliar e complicações pulmonares indicavam que a doença era grave. Em dezembro, Freud se angustiou com a condição do amigo. Deutsch, o médico de Freud, foi ver Abraham e advertiu para a possibilidade de o pior acontecer. Dias depois, no dia de Natal, com apenas 48 anos, morreu Abraham. "A morte de Abraham foi muito dura para Freud. O organizador sensato, o renomado formador de analistas, o otimista indispensável, o teórico interessante, o amigo leal tinha partido [...]", escreve Gay (1989, p. 439). No obituário redigido por Freud, ele acusa o enorme sentimento de perda: "Enterramos com ele [...] uma das esperanças mais firmes da nossa ciência, jovem como é e ainda tão implacavelmente agredida, e uma parte do seu futuro que agora, talvez, seja irrealizável" (Freud, 1926c, p. 269).

Pfister e a correspondência com Freud

Oskar Pfister, nesse cenário de perdas dos últimos anos de vida de Freud, aparecia valorizado. Quem perdera Adler e Jung, quem perdera Rank e Abraham, tinha uma gratidão ao pastor suíço que preferira ficar a seu lado a seguir Jung - muito mais favorável ao fenômeno religioso. Já em 1909, Freud o descrevera da seguinte maneira: "Nenhuma visita, desde a de Jung, teve tanto impacto nas crianças e trouxe tanto bem-estar a mim mesmo" (Freud; Pfister, 1998, p. 39). Anna Freud confirma em escrito de 1962:

> No ambiente doméstico dos Freud, alheio a toda vida religiosa, Pfister, com seus trajes, aparência e atitude de um pastor, era aparição de um mundo estranho... Seu calor humano e entusiasmo, sua viva participação também nos fatos mínimos do cotidiano entusiasmavam as crianças da casa e faziam dele um hóspede bem-vindo em qualquer tempo, uma figura humana ímpar em seu modo de ser. Para eles, segundo um dito de Freud, Pfister era não um "santo homem", mas um tipo de "flautista de Hammelin", que só precisava tocar seu instrumento para ter um bando inteiro obediente atrás de si (Freud; Pfister, 1998, p. 19).

Ainda que não partilhasse dos pontos de vista religiosos do psicanalista pastor, Freud o respeitava. Não dispensou sua amizade até o fim, especialmente nos momentos em que a vida lhe parecia mais dura.

A correspondência Freud e Pfister é a terceira coletânea de cartas da mão de Freud conhecida do público em geral. Temos as cartas de Freud a Fliess dos anos formativos de 1887 a 1902. Há uma segunda coletânea de cartas pessoais dirigidas a 102 destinatários, que cobre praticamente toda a vida de Freud. A correspondência entre Freud e Pfister abrange os últimos trinta anos da vida de Freud, entre 1909 e 1939. Infelizmente, só parte das cartas trocadas entre eles está disponível. Na emigração para a Inglaterra, uma parte dos originais se perdeu, outra foi destruída por Freud, conforme o desejo de Pfister, expresso em carta de 1/6/1927. Anna Freud desempenhou papel importante na preservação e na publicação das cartas em alemão. Quando Pfister cede sua parte do material, apenas pede a ela que omita o material "que pudesse ferir pessoas vivas" (Freud; Pfister, 1998, p. 19). Publicadas na década de 1960 em alemão, chegam tardiamente ao público luso-brasileiro em 1998.

A honestidade é o tom que permeia a correspondência; os temas pessoais e religiosos são discutidos, como esclarece Joel Birman, em "[...] um diálogo amigo e cordial" (Birman, 1988, p. 123). Há muitos detalhes da vida de ambos, há referências aos grandes nomes e menções rápidas aos pacientes. É possível acompanhar o desenrolar de muitos acontecimentos da vida de Freud lendo as cartas. Em fevereiro de 1924, por exemplo, Freud agradece a Pfister por não falar no câncer: "Entre meus amigos o senhor é o único que não se refere por escrito à minha doença" (Freud; Pfister, 1998, p. 124). Em maio de 1925, Freud contou que iria mandar colocar uma foto de Pfister em sua sala, após receber uma saudação pelo seu aniversário: "O senhor foi um dos poucos que, apesar da distância, cumprimentaram-me de modo pessoal. Por isso o senhor ocupará também, depois de alguns dias de incubação, um lugar na minha sala para morar definitivamente entre pessoas com ideias afins" (Freud; Pfister, 1998, p. 130). Diante do abatimento de Freud após tantas perdas, Pfister procurou animar o amigo em 1925:

> Sua tendência à resignação me entristece. Se pudesse tomá-lo pela palavra, eu teria a objetar que o senhor está concedendo ao seu Isso *plein pouvoir* sobre vida e morte, felicidade e infelicidade. Eu protestaria, em nome de sua amável filha, da querida esposa, de toda a sua família, da ciência e de todo o panteão das potências superiores (Freud; Pfister, 1998, p. 132).

Caso AB

Na coletânea de *Cartas entre Freud e Pfister*, encontramos também, algo surpresos, detalhes de um caso praticamente desconhecido da clínica de Freud. Um verdadeiro achado porque, como destaca Roazen (1999, p. 22): "[...] à medida que Freud envelhecia, seus escritos se tornaram cada vez mais distantes das preocupações clínicas práticas". As referências a AB são incompletas, mas o material que aparece é suficiente para ser instigante. O que está nessa correspondência compõe um quadro que clama por pensamento. É necessário trabalho para completá-lo. Aparentemente, trata-se de paciente do qual o próprio Pfister se ocupou na Suíça. Não se sabe a razão, mas depois ele mudou para Viena. Pode até ser que fosse a Viena em busca de Freud. Pfister pede ajuda para o rapaz. Freud tem dificuldades de se colocar no lugar de analista do rapaz e quis encaminhá-lo a outro profissional. A primeira referência apareceu em uma carta de Freud a Pfister de 21/12/1924:

> Não se preocupe com seu jovem americano. O homem pode obter ajuda. Aqui em Viena, o Dr. Reik especializou-se justamente nessas neuroses compulsivas graves. Tratou, por exemplo, por vários anos, com extrema paciência e profunda compreensão, e também não sem sucesso, um conde russo que lhe pude enviar (Freud; Pfister, 1998, p. 129).

Ficamos sabendo assim que o paciente é um jovem norte-americano radicado na Europa, que precisava de ajuda para uma neurose que Freud classificou como "compulsiva grave". Trabalho que exige do clínico "[...] paciência e profunda compreensão [...]", mas para o qual Freud tinha esperanças de cura. Não se sente, todavia, pessoalmente atraído pelo caso, prefere remetê-lo a Theodor Reik, psicanalista que trabalhava não apenas em Viena mas também em Nova Iorque.

No início de 1924, Pfister teria encaminhado outra pessoa a Freud, referida apenas pela letra "F". Freud estaria tão preocupado com sua saúde que pensa em não aceitá-lo:

> O senhor escreve que no verão eu deveria aceitar F. em análise. É difícil que me comprometa para o verão, pois não estou seguro quanto ao futuro. Mas, se eu puder, certamente o farei, desde que ele também venha por livre vontade. Além disso, não se esqueça que não trabalho nos meses de verão propriamente ditos (Freud; Pfister, 1998, p. 122-123).

Freud tem o mesmo pensamento em relação ao jovem norte-americano: crê que por razões de saúde não poderá acompanhá-lo.

Freud não fora ao Sexto Congresso Psicanalítico Internacional em Salzburg em 1924, preferira descansar em Semmering. Ele se poupou, mas Pfister insistiu que Freud atendesse o rapaz norte-americano. Dada a insistência, antecipando uma visita de Pfister a Viena, durante a Páscoa de 1925, Freud aceitou ver o jovem:

> [...] me traz a expectativa de tê-lo conosco em Viena, na Páscoa. Traga junto o seu americano. Não estou declinando nem um pouco em aceitá-lo para tratamento a partir de outubro, já que o senhor se empenha tanto por ele. Não é verdade que eu, por princípio, só aceite médicos. Tenho, também entre minhas 5 horas, dois pacientes e com prazer providencio um terceiro para a próxima *saison*. Meus honorários correspondem a 20 dólares a hora para todos. Visto que a natureza parece ter o objetivo de me conceder um ou mais anos de honra, não preciso rejeitar pacientes com tanto temor. O principal, é claro, será a impressão que o jovem causará em mim no nosso encontro. Até outubro o senhor mesmo terá de ficar com ele, pois absolutamente não vejo possibilidade de tomá-lo antes (Freud; Pfister, 1998, p. 129-130).

AB parece ganhar espaço na clínica de Freud porque Pfister insiste - a questão dos encaminhamentos tem aqui um ponto que nos chama a atenção: "Não estou declinando nem um pouco em aceitá-lo para tratamento a partir de outubro [...]". A frase se torna afirmativa pelas duas negativas - talvez mostrando sinais de lutas íntimas de Freud em receber o paciente: "[...] já que o senhor se empenha tanto por ele [...]". Sabemos que abrir espaço no afeto e na agenda é algo da ordem do desejo e da realidade, da contratransferência e da identificação. A atitude receptiva em relação a AB que vai se instalando em Freud, aos poucos, parece respaldada em seu relacinamento com Pfister.

A essa altura da vida, Freud reduziu sua cota de trabalho a cinco horas diárias, e parte substantiva desse tempo foi despendida com análises formativas, especialmente de médicos ingleses e norte-americanos. Freud procurou se poupar, atendia apenas dois ou três pacientes. Estava preocupado com seu sustento, por isso cobrava um valor bem elevado por sessão. Mas como foi aos poucos saindo da crise pessoal de 1923, seu pensamento já aceitava que viveria mais uns poucos anos: "[...] a natureza parece ter o objetivo de me conceder um ou mais anos de honra, não preciso rejeitar pacientes com tanto temor [...]". Receber AB, encaminhado por Pfister, pode ter sido uma decisão de Freud que reforça em sua vida pessoal a força de *eros* na luta contra *thánatos*.

Em maio de 1925, Freud relatou a Pfister o encontro que teve com os pais do rapaz:

> Conheci pessoalmente os pais do seu protegido. Eles parecem bastante dispostos a fazer sacrifícios, o que geralmente indica um mau prognóstico. Não pude prometer-lhes nada concreto, apenas expressar-lhes genericamente minha disposição. Talvez eu já possa aceitar o rapaz em 1º de setembro, ao invés de 1º de outubro. Até lá, é meu desejo intenso que ele permaneça com o senhor. O pai é, creio eu, bem flexível. Mas a mãe parece mais intranquila e mais disposta a planos independentes. Talvez ainda falaremos dele mais vezes (Freud; Pfister, 1998, p. 131).

Não se pode dizer ao certo a idade do rapaz, talvez não estivesse muito além do fim da adolescência, 18 ou 19 anos. Se Freud aceitou ver primeiro os pais, estamos falando de um jovem; um jovem em um quadro certamente grave. Freud apelou a Pfister para que cuidasse do rapaz até que ele pudesse atendê-lo em outubro, na melhor das hipóteses, em setembro.

Freud se espantou com a prontidão da família em fazer "sacrifícios". Considerou isso "um mau prognóstico". A palavra "sacrifício" é usualmente empregada no contexto religioso. Talvez fosse uma família religiosa: o rapaz seria um judeu-americano, um norte-americano cristão? Pfister circulava não apenas no mundo psicanalítico mas também no religioso. Freud, por sua vez, conhecia muito bem a tradição judaica do sacrifício. O mau prognóstico poderia ser derivado de Freud entender que quem se sacrifica pode cobrar grande retribuição de quem se beneficia do sacrifício. Seria esse o rápido diagnóstico familiar de Freud? Ele percebe o pai "bem flexível", portanto, como um fator familiar positivo no tratamento. Mas a mãe inspira preocupação, por ser intranquila e não disposta a aderir ao espírito do tratamento. Mas Freud ainda não tomou a decisão de aceitar o rapaz em análise: "[...] não pude prometer-lhes nada de concreto".

Durante as férias de verão de 1925, em Semmering, Freud não se esqueceu do jovem norte-americano. Lutou em seu espírito sobre o lugar que ele iria ocupar em sua clínica. Imaginou talvez recebê-lo nos Alpes, mas desistiu da ideia. Sua linguagem expressa dúvida:

> No que toca ao nosso esperançoso rapaz, penso que o senhor deve deixá-lo ir para sua ruína. É verdade que existe uma possibilidade incerta de que eu possa aceitá-lo a 15 de setembro, talvez até já no dia 1º, mas a dificuldade quase intransponível é que aqui em Semmering não há nenhuma ocupação para ele, pela sua condição insociável. Assim eu correria o risco de ter de me envolver com ele de modo intenso demais. Em Viena, isto se regularia por si só (Freud; Pfister, 1998, p. 131).

Aos poucos, Freud permite que uma imagem mais densa do rapaz vá se formando dentro de si. Ele não é mais "o seu jovem americano", nem "o seu protegido", pronomes possessivos referidos a Pfister. Passa a ser o "nosso esperançoso rapaz". Já divide a posse com Pfister, em clara passagem e transição.

Freud tem "temor" de tomar pacientes. Luta com sentimentos acerca de sua própria debilidade e doença, está cansado de perdas, antecipa sua própria morte. Não há como não pensar que Freud olha para esse paciente de um modo a ver dramatizado nele a sua própria vida. Se não for assim, como entender a enigmática e contraditória expressão: "No que toca ao nosso esperançoso rapaz, penso que o senhor deve deixá-lo ir para sua ruína". Esperança e ruína: temas que se referem ao tratamento do rapaz, temas que se referem à vida do próprio Freud. Teme excesso de proximidade com o rapaz, se for atendido em Semmering. Um caso grave, muito grave, inteiramente aos seus cuidados em suas férias de verão nas montanhas? Um paciente "insociável", sem ocupação, que teria de tratar como hóspede? É fácil imaginar o que pensa Freud: "[...] não quero isto para mim". É como se dissesse, em uma atitude de autodefesa: "Longe de casos complicados e difíceis, cuido primeiro de mim!".

Pfister lutou com Freud para que não se entregasse à doença e à velhice: "Neste contexto... não posso reunir a necessária reverência diante de suas reclamações pela velhice" (Freud; Pfister, 1998, p. 132). Por fim, Freud atende o rapaz.

> Logo depois que lhe revelei meu plano com AB, uma reação tomou conta de mim. O pobre rapaz deu-me pena, também se achou um horário melhor, talvez eu próprio tenha vencido um acesso de desânimo. Em resumo, eu lhe telegrafei: "por enquanto não faça nada", e decidi-me pelo caminho mais vagaroso, de escrever diretamente aos pais. Fui bem franco com eles; dos meus três motivos para abandonar o paciente, compartilhei com eles ao menos dois: a constatação de que ele necessita de uma influência que perdure por anos, que talvez eu não pudesse levar a termo, e a preocupação de que seu estado aceitaria uma mudança para mais grave. O último motivo - que eu quero me poupar de um grande tormento - retive para mim. Depois lhes dei a opção de deixá-los continuar em tratamento comigo, mesmo após estas colocações, ou buscá-lo. A primeira alternativa seria *for better for worse*, para saúde ou ruína, sem responsabilidade pelas possíveis perturbações de ambos os lados. Eu também os informei do complô com o senhor em Zurique, que agora, após os seus esclarecimentos, me parece desnecessário. Penso que, em todo caso, fiz algo bom. Ou os pais o buscarão agora, eu estou livre da difícil e provavelmente ingrata tarefa, ou, se o deixarem continuar, minha

> posição estará substancialmente fortalecida. Depois das observações na sua carta, que testemunham a incompreensão da mãe, a primeira saída será a mais provável, e não terei pena dele.
>
> Acho lisonjeiro que o senhor ainda tenha tanta confiança em mim, mas há de concordar que não seria contra o curso da natureza se desta vez o senhor não tivesse razão. Eu estou cansado, o que é compreensível após uma vida penosa, e creio ter conquistado honestamente o direito ao descanso. Os elementos orgânicos, que tanto tempo aguentaram unidos, querem apartar-se; quem os obrigaria a permanecer no conjunto?
>
> Sobre todos os demais acontecimentos do caso AB, eu o informarei no devido tempo (Freud; Pfister, 1998, p. 133-134).

Freud diz que só conseguiu recebê-lo depois que superou "[...] um acesso de desânimo". Reconheceu que podia oferecer um horário mais confortável para o rapaz, porque sua negatividade havia diminuído. De qualquer forma, depois do encontro com AB, sentiu pena dele.

O rapaz passa a ser chamado de AB, talvez A.B., indicando a abreviatura de dois nomes. O editor alemão das cartas indica em nota de rodapé que AB é o jovem norte-americano. Freud continua se relacionando com ele de modo contraditório. Fala de um plano para AB, que depois produz uma reação em si mesmo. Seria um plano para mandá-lo a outro médico? A uma clínica? Para outra cidade? De qualquer forma, o plano foi abortado. Freud escreveu a Pfister: "[...] por enquanto não faça nada". Em substituição ao plano original, Freud resolveu escrever aos pais do paciente e apresentou dois motivos para não continuar com o tratamento. Disse que o tratamento ideal seria longo e que ele, Freud, não sabia por quanto tempo ainda continuaria atendendo. O segundo argumento, ainda mais difícil para os pais ouvirem, se referia a uma opinião forte de Freud em relação a pacientes graves. Freud temia que, começada a análise, as defesas do paciente diminuiriam; portanto, em vez de melhorar, AB poderia ficar em uma situação mais grave. Freud temia claramente uma evolução paranoide. Havia um terceiro argumento para não dar continuidade ao tratamento, que Freud não contou aos pais de AB, mas apenas a Pfister: "[...] quero me poupar de um grande tormento". Freud temia sofrer grandemente com esse atendimento. A pergunta importante é: Qual a razão desse seu grande temor? Por que o atendimento de AB atingiria Freud, que adoecia com câncer e sofria com a perda de seu neto?

A disjuntiva que Freud apresentou aos pais de AB, qualquer desfecho que encontrasse, fortaleceria Freud diante do caso. Os pais poderiam vir de Zurique buscar o filho, Freud respiraria aliviado por não ter de enfrentar um caso tão perturbador para ele. Ou os pais poderiam deixá-lo em Viena com Freud. Nesse caso, Freud também se sentiria aliviado, porque, se ele abandonasse o caso mais tarde por doença ou mesmo por morte, os pais já estavam avisados. Ou se AB entrasse em um surto grave e sem retorno, também sobre isso os pais já haviam sido avisados. Freud disse que em carta perdida de Pfister, este se refereria à "[...] incompreensão da mãe". Freud achou que os pais iriam buscá-lo. E terminou contradizendo o que acabara de dizer: anuncia que se os pais viessem buscá-lo, não sentiria pena do rapaz.

Freud se despede agradecendo a confiança que Pfister deposita nele como profissional. Encerra anunciando de modo algo melancólico a sensação de que seu corpo está se despedaçando. Diz que prefere descansar a atender o rapaz. De qualquer forma, os pais de AB deixam que o tratamento prossiga em Viena. No início de 1926, após lamentar a morte de Abraham no Natal de 1925 e antes de comentar a publicação de *Inibição, sintoma e ansiedade*, escrito em grande medida como uma resposta ao pensamento de Rank, Freud falou outra vez do atendimento de AB:

> Com nosso rapaz AB estou numa situação singular. Minha convicção médica, de que ele se encontra na fronteira de uma demência paranoide, aumentou. Estive bem próximo de mais uma vez desistir dele, mas algo tocante que ele tem em si me detém, e diante da ameaça de interrupção ele novamente se tornou meigo e acessível, assim que mantemos atualmente um bom entendimento mútuo. O período da grande piora, em que também escrevi ao senhor, bem pode estar relacionado ao fato de que lhe expus o segredo de sua neurose, o qual provavelmente adivinhei de forma correta. A reação, depois desta revelação, tinha de ser um grande incremento das resistências. O

> que me traz dificuldade no caso dele é a convicção de que terminará muito mal, se não terminar bem. Isto é, sem maiores escrúpulos, o moço vai se retirar do mundo. Por isso não quero falhar em nada que possa evitar este desfecho (Freud; Pfister, 1998, p. 135-136).

Freud tinha agora um diagnóstico cada vez mais complexo. O rapaz estava na "[...] fronteira de uma demência paranoide", mas continuava falando em "neurose". Freud fica cada vez mais preocupado com o caso. Ele achava que, se o rapaz não apresentasse uma melhora, em breve teria um surto definitivo: "[...] o moço vai se retirar do mundo". Ou estaria falando com essas palavras da possibilidade de suicídio? Freud continuou o tratamento carregado de dúvidas, pronto a desistir, mas "[...] algo tocante que ele tem em si me detém". O que em AB toca Freud? Além disso, Freud teria ameaçado o rapaz com a interrupção do tratamento, o que teria tornado seu comportamento mais dócil. Freud pensava que as dificuldades são resultantes das resistências usuais do tratamento da neurose, mas temia que algo muito ruim se desse com AB; portanto, estava disposto a fazer de tudo para que isso não ocorresse. Após o descrédito inicial, Freud se sentiu seguro como analista para tentar evitar o pior para o paciente.

No verão de 1926, Freud esteve outra vez em férias com a família, nos Alpes, em Semmering. Por incrível que possa parecer, quem está com Freud nas alturas? O jovem paciente norte-americano AB. Nada de grave tinha acontecido com ele:

> Estou passando um tempo agradável aqui - até o ponto em que meus sofrimentos localizados o permitem - e quero prolongá-lo até o fim do mês. AB, que esteve comigo desde 1º de agosto, eu o enviarei amanhã em férias até 1º de outubro. Tenho de lhe dar notícias dele, algumas coisas mudaram. Felizmente foi vencida sua insuportabilidade, eu até me afeiçoei a ele, e parece que ele retribui. Depois de um terrível esforço, conseguimos clarear algumas partes da sua história evolutiva íntima, e o efeito disso foi bem favorável, como também o confirmaram parentes que o viram nas férias. Externamente ele se comporta de modo insuficientemente excêntrico e ainda está muito longe do normal, como corresponde à incompletude dos nossos

> resultados. Por outro lado, é inegável que muitos elementos nele sejam realmente inquietantes (*Unheimlich*), como se ele estivesse no caminho da neurose compulsiva à paranoia. Suas ideias e conexões de pensamento têm frequentemente algo estranho, e seus sintomas poderiam ser chamados sem constrangimento de ideias delirantes. Toda vez que ele entra em contradição eu me digo que, afinal, é uma esquizofrenia, e quando algo se aclarou, perde-se esta má impressão. Penso que deixarei de lado a pergunta médica pelo diagnóstico e trabalharei adiante no material vivo. Enquanto se mostrar maleável e tivermos sucessos, sinto-me justificado. Não sem importância é a impressão de que a pessoa dele vale todo o esforço (Freud; Pfister, 1998, p. 141-142).

Aparentemente, as férias fizeram bem a Freud: até o relacionamento com o paciente melhorou por conta disso. O próprio tratamento avançou. O diagnóstico se manteve: alguém a caminho da neurose à paranoia. O contato com o paciente produziu aqueles sentimentos estranhos e inquietantes (*Unheimlich*) que os pacientes graves produzem. Achava que seus pensamentos eram francamente delirantes. É esquizofrenia, mas por vezes a má impressão passa. Freud desistiu de se ater a um diagnóstico fixo e se apegou à psicodinâmica. Estava convencido de que o esforço e o sofrimento do analista valiam a pena para ajudar AB.

Em abril de 1927, com quase 71 anos, Freud continuou enfrentando os efeitos dolorosos de seu câncer e lutando com seu paciente grave, um consolo para quem luta com vicissitudes semelhantes:

> Hoje eu tenho um dia aborrecido, a prótese está me torturando... Dei seu *Autorretrato* para AB ler e constatei, nas suas reações inapropriadas, o pouco êxito que tive com ele até aqui. Ainda não abandonou suas reações infantis em face da influência da autoridade. Isso torna o tratamento muito difícil para ele. Eu não me detenho na pergunta pelo diagnóstico; ele certamente tem traços bastante esquizofrênicos, sem que por isso já o queira rejeitar. Pois não está claro o que esse diagnóstico contém. Mas o sujeito é uma prova dura. Eu agora

> me debato com ele, exigindo que intencionalmente se oponha à masturbação fetichista, para ver se tudo que foi adivinhado por mim sobre a natureza do fetiche se comprova pela experiência própria. Porém, ele não quer crer que tal abstinência possa conduzir a isso, e que seja imprescindível para o prosseguimento da cura. Por outro lado, não posso, estando ligado a ele por tanta simpatia, decidir-me a mandá-lo embora e arriscar um desfecho negativo. Assim, continuo nos meus intentos, e possivelmente ele escape de mim quando eu efetivamente parar de trabalhar (Freud; Pfister, 1998, p. 143-144).

Para complicar o diagnóstico, Freud incluiu o elemento fetichista. Exigiu o fim da masturbação, mas o paciente reagiu. Será que essa resistência a parar de se masturbar poderia ser associada a essa mãe que Freud diz estar "[...] disposta a planos independentes"? O tratamento é duro para AB. É duro para Freud. Freud teve vontade de desistir, mas estava por demais afeiçoado a AB para deixá-lo. Seguiu o quanto pôde; imaginou que enquanto trabalhasse, continuaria a atendê-lo.

Em outubro de 1927, dois anos após o início do tratamento, quase três desde que a correspondência sobre AB começou, Freud continuou lutando: "AB tem, sem dúvida, muitos traços paranoides - mas nós não podemos prosseguir o trabalho sem perspectiva" (Freud; Pfister, p. 151). No fim de 1928, após uma intensa discussão sobre os temas religiosos de *O futuro de uma ilusão*, em várias cartas, Pfister voltou à carga com AB e fez uma pergunta técnica: "A outra pergunta concerne à técnica... isto não foi possível, por exemplo, com o nosso AB... O senhor considera minhas tentativas inadequadas?" (Freud; Pfister, 1998, p. 165-166). Como seria bom ter alguém para responder às questões técnicas que a clínica com pacientes como AB suscita! Pfister pergunta e não sabemos a resposta de Freud... Pergunta que nos aproxima do tema angustiante da técnica com pacientes fronteiriços, psicóticos, somatizantes, com distúrbios graves de alimentação... AB é precursor desses pacientes atuais? Freud estaria pensando nas mudanças técnicas que a compreensão que esses pacientes nos trazem provoca?

Nada mais se mencionou sobre esse paciente, mas ainda é possível continuar a pesquisa... Para construir a relação de Freud e seu paciente, questionamos os acontecimentos sociais e políticos, os acontecimentos pessoais da vida de Freud, os seus escritos, os sentimentos do analista à época do atendimento, conscientes de que esses elementos se influenciam mutuamente. Roazen destaca a mútua influência entre os escritos e a vida de Freud: "[...] deve haver um relacionamento recíproco entre a vida de Freud e seus escritos, de modo que possamos acabar voltando a seus textos com uma compreensão enriquecida" (Roazen, 1999, p. 272).

A entrevista com Freud concedida ao jornalista Sylvester Viereck

No verão de 1926, Freud estava nos Alpes austríacos, em férias. Mais precisamente estava em Semmering, que faz parte do colo dos Alpes orientais, a cerca de 980 metros de altitude e duas horas de trem de Viena.

Fonte: National Education Network (E2BN).

Alpes austríacos nos dias atuais.

Como já dissemos, lá Freud atendeu AB. Nessas mesmas férias em Semmering, Freud concedeu uma rara entrevista ao jornalista norte-americano George Sylvester Viereck. Acreditava-se que o conteúdo dessa entrevista, provavelmente publicado na imprensa norte-americana da época, estivesse perdido. Entre as preciosidades encontradas na Biblioteca da Sociedade Sigmund Freud, entretanto, está a entrevista. Reproduzimos a seguir alguns poucos fragmentos da versão em português de Paulo César Souza. É notável para os interesses deste texto que, quando o jornalista pergunta pela clínica de Freud, ele responde: "[...] estou trabalhando num caso muito difícil". É bem provável que Freud estivesse falando de AB.

A entrevista começa ao ar livre, entrevistado e entrevistador caminhando pelo jardim da casa onde Freud está hospedado. É Freud quem começa a conversa, falando dos seus 70 anos recém-completados; fala também dos mal-estares que a prótese na boca lhe causava:

> Setenta anos ensinaram-me a aceitar a vida com serena humildade... Detesto o meu maxilar mecânico, porque a luta com o aparelho me consome tanta energia preciosa. Mas prefiro-o a maxilar nenhum. Ainda prefiro a existência à extinção. Talvez os deuses sejam gentis conosco, tornando a vida mais desagradável à medida que envelhecemos. Por fim, a morte nos parece menos intolerável do que os fardos que carregamos.
>
> Por que (disse calmamente) deveria eu esperar um tratamento especial? A velhice, com sua agruras, chega para todos. Eu não me rebelo contra a ordem universal. Afinal, mais de 70 anos. Tive o bastante para comer. Apreciei muitas coisas - a companhia de minha mulher, meus filhos, o pôr do sol. Observei as plantas crescerem na primavera. De vez em quando tive uma mão amiga para apertar. Vez ou outra encontrei um ser humano que quase me compreendeu. Que mais posso querer?
>
> [...] O jornalista interpela: Então o senhor é, afinal, um profundo pessimista?

Freud responde: Não, não sou. Não permito que nenhuma reflexão filosófica estrague a minha fruição das coisas simples da vida.

[...] Jornalista: Isto é a filosofia da autodestruição. Ela justifica o autoextermínio. Levaria logicamente ao suicídio universal imaginado por Eduard von Hartmann.

Freud: A humanidade não escolhe o suicídio porque a lei do seu ser desaprova a via direta para o seu fim. A vida tem de completar seu ciclo de existência. Em todo ser normal, a pulsão de vida é forte o bastante para contrabalançar a pulsão de morte, embora no fim esta resulte mais forte. Podemos entreter a fantasia de que a Morte nos vem por nossa própria vontade. Seria mais possível que pudéssemos vencer a Morte, não fosse por seu aliado dentro de nós. Neste sentido (acrescentou Freud com um sorriso) pode ser justificado dizer que toda a morte é suicídio disfarçado.

(Estava ficando frio no jardim. Prosseguimos a conversa no gabinete. Vi uma pilha de manuscritos sobre a mesa, com a caligrafia clara de Freud.)

[...] Jornalista: O senhor está praticando muita psicanálise?

Freud: Certamente. Neste momento estou trabalhando num caso muito difícil, tentando desatar conflitos psíquicos de um interessante novo paciente. Minha filha também é psicanalista, como você vê...

(Nesse ponto apareceu Miss Anna Freud, acompanhada por seu paciente, um garoto de 11 anos, de feições inconfundivelmente anglo-saxônicas.)

Jornalista: O senhor já analisou a si mesmo?

Freud: Certamente. O psicanalista deve constantemente analisar a si mesmo. Analisando a nós mesmos, ficamos mais capacitados a analisar os outros. O psicanalista é como bode expiatório dos hebreus. Os outros descarregam seus pecados sobre ele. Ele deve praticar sua arte à perfeição para desvencilhar-se do fardo jogado sobre ele.

[...] (Ele ouve pacientemente cada intervenção, não procurando jamais intimidar o entrevistador. Raro é o visitante que deixa sua presença sem algum presente, algum sinal de hospitalidade! Havia escurecido. Era tempo de eu tomar o trem de volta à cidade que uma vez abrigara o esplendor imperial dos Habsburgos. Acompanhado da esposa e da filha, Freud desceu os degraus que levavam do seu refúgio na montanha à rua, para me ver partir. Ele me pareceu cansado e triste, ao dar seu adeus.)

Freud: Não me faça parecer um pessimista (disse ele após o aperto de mão). Eu não tenho desprezo pelo mundo. Expressar desdém pelo mundo é apenas outra forma de cortejá-lo, de ganhar audiência e aplauso. Não, eu não sou um pessimista, enquanto tiver meus filhos, minha mulher e minhas flores! Não sou infeliz - ao menos não mais infeliz que os outros.

(O apito do meu trem soou na noite. O automóvel me conduzia rapidamente para a estação. Aos poucos, o vulto ligeiramente curvado e a cabeça grisalha de Sigmund Freud desapareceram na distância.)

Ilações finais

Ali está Freud, com 70 anos, sentado atrás daquele jovem norte-americano e paranoico de apenas, digamos, 20 anos: 50 anos é a diferença de idade! Nacionalidades diferentes: um austríaco atende um jovem de um país que, em grande medida, despreza. Paciente entre a neurose e a psicose, sem falar da perversão fetichista: desafio a seu pensamento e técnica. Biografias certamente diferentes.

Não é difícil imaginar o estoico Freud procurando se esquivar da ação impressionantemente perscrutadora do jovem paranoico. Mesmo com todo o manejo, o paciente invade o analista. Muito trabalho elaborativo é necessário para se livrar dos fardos lançados sobre o "bode expiatório" analista. Freud prefere atendê-lo em Viena, mas também o atende nas montanhas. Ele quer odiá-lo, mas também se afeiçoa a ele. Quer desistir, mas continua o tratamento. Deseja sua ruína, mas com o jovem norte-americano luta como quem luta pela própria vida. Em cada ruga da face do velho de Viena e de Semmering se escondem as dores da morte da filha e do neto, dos discípulos que o deixaram, o enorme incômodo da prótese e do próprio câncer. É a luta com a vida e com a morte.

A revolução intelectual que começa com *Além do princípio do prazer* em 1920 chega a pleno desenvolvimento com *O mal-estar na civilização* em 1929: no nível manifesto à guerra, a pulsão de morte na teoria. Duelo de titãs: *eros* e *thánatos*. Em pouco tempo, de Semmering, Freud tomaria seu trem, com seus livros e escritos, ao lado de Marta e Anna. Volta a Viena, ao lado do majestoso rio Danúbio.

Pacientes como AB continuam frequentando o consultório dos analistas ainda hoje: personalidades com problemáticas narcísicas e esquizoides. São pacientes sem uma delimitação clara em muitos sentidos, com deficiências nas fronteiras entre o mundo interno e externo. Ideias delirantes, esvaziamento do eu, senso de realidade muito prejudicado. No tratamento, há súbitas mudanças de humor e funcionamento que apresentam ao analista questões de manejo difícil. O frágil eu do paciente se sente inundado pelo mundo pulsional; o mundo e o próprio analista, inundados pelas manifestações do paciente. O funcionamento pode se tornar paranoide. O caráter pendular dos movimentos do paciente pode deixar o observador/analista perplexo: comportamento paradoxal. O desespero do paciente atinge o analista. A situação requer que o analista se torne mais plástico, mais poroso, talvez até mais vacilante para poder acompanhar um ego que só conhece a dilaceração e a dissociação, que nunca chega a se tornar conflito. O desamparo do paciente por vezes se torna, ainda que de forma mitigada, o desamparo do analista. Terá Freud, de forma parcial ou integral, experimentado tudo isso com AB? Não sabemos. Talvez. Sabemos apenas que Freud e AB foram transformados pelo tratamento.

Referências

BIRMAN, J. "Desejo e promessa, encontro impossível: o discurso freudiano sobre a religião". In: MOURA, J. C. (Org.). *Hélio Pellegrino: A-Deus*. Petrópolis: Vozes, 1988.

FENICHEL, O. *Teoria psicanalítica das neuroses*. São Paulo: Atheneu, 1973.

FIGUEIREDO, L. C. *Psicanálise: elementos para a clínica contemporânea*. São Paulo: Escuta, 2003.

FREUD, S. (1926a) *A questão da análise leiga*. *Edição standard brasileira das obras psicológicas comentadas*. Rio de Janeiro: Imago, 1996. v. XX.

______. (1926b) *Inibições, sintomas e ansiedade*. *Edição standard brasileira das obras psicológicas comentadas*. Rio de Janeiro: Imago, 1996. v. XX.

______. (1926c) *Karl Abraham*. *Edição standard brasileira das obras psicológicas comentadas*. Rio de Janeiro: Imago, 1996. v. XX.

FREUD, S.; PFISTER, O. *Cartas entre Freud e Pfister [1909-1939]: Um diálogo entre a psicanálise e a fé cristã*. Viçosa: Ultimato, 1998.

GAY, P. *Freud: Uma vida para o nosso tempo*. São Paulo: Companhia das Letras, 1989.

JONES, E. *A vida e a obra de Sigmund Freud*. Rio de Janeiro: Imago, 1989. v. III.

LAPLANCHE, J.; PONTALIS, J.-B. *Vocabulário de psicanálise*. São Paulo: Martins Fontes, 1992.

ROAZEN, P. *Como Freud trabalhava*. São Paulo: Companhia das Letras, 1999.

RODRIGUÉ, E. *Sigmund Freud*. O século da psicanálise, 1895-1995. São Paulo: Escuta, 1995.

VIERECK, G. S. *Entrevista com Freud, Alpes Austríacos, 1926*. Tradução de Paulo César Souza. Disponível em: <http://www.ufrgs.br/psicoeduc/psicanalise/entrevista-de-freud/>. Acesso em: jun. 2012.

WONDRACEK, K. *O amor e seus destinos. A contribuição de Oskar Pfister para o diálogo entre teologia e psicanálise*. São Leopoldo: Sinodal, 2005.

Erotismo, sexualidade e religião:

um enfoque psicanalítico[1]

Sérgio de Gouvêa Franco

Olhando para a história, podemos dizer que ou a sexualidade destrói a espiritualidade, ou pelo contrário, a espiritualidade destrói a sexualidade.
(Carlos José Hernandez, psiquiatra argentino)[2]

A Alemanha do século XIX

Começo este capítulo indo para a Alemanha, no século XIX. Sabemos que durante o século XIX a Alemanha passou por um longo processo que permitiu sua unificação. A Revolução Industrial havia sido iniciada na Inglaterra no século anterior. Mas, para o capitalismo industrial avançar na Alemanha, o país teve de passar por enormes transformações. Mercê de um longo processo, em grande medida dirigido por Bismarck, depois da guerra franco-prussiana, a Alemanha se organizou em 25 estados federados e assim foi fundado o Segundo Reich. A Alemanha do século XIX foi palco de transformações intensas que moldam o mundo contemporâneo: são mudanças sociais, políticas, filosóficas e religiosas.

O primeiro personagem que poderíamos encontrar na Alemanha do século XIX seria o notável pensador do início do século, cujos discípulos estavam divididos em duas facções: a esquerda hegeliana e a direita hegeliana. A direita

---

1 Este capítulo foi originalmente publicado em forma de artigo no seguinte periódico: *Revista Estudos de Religião*, São Bernado do Campo, Editora Metodista, ano XX, n. 30, p. 12-31, jun. 2006.

2 Proferida em palestra em São Paulo e escutada pelo autor Sérgio de Gouvêa Franco.

destacava a dimensão teleológica da dialética de Hegel. Portanto, a história tem um fim, tem um propósito que se desvela à medida que avança. A esquerda procurava valorizar as dimensões revolucionárias do mestre Hegel. Entre os militantes da chamada esquerda hegeliana está o pensador Ludwig Feuerbach, importante discípulo de Hegel. Vamos nos deter em Feuerbach.

Marx, quando estudava em Berlim, entre 1837 e 1841, travou contato com o pensamento de Hegel e se envolveu com a assim chamada esquerda hegeliana. Feuerbach tornou-se tão importante para ele, que Marx escreveu as famosas *Teses sobre Feuerbach*. A tese número XI é muito conhecida: "Os filósofos não fizeram até hoje senão interpretar o mundo de diferentes maneiras. Trata-se agora de transformá-lo". É com Feuerbach que Marx aprende a colocar de cabeça para baixo a dialética hegeliana: não são as ideias que comandam o mundo, mas o contrário: o mundo econômico e material que as comanda. O materialismo marxista começa com Feuerbach. O notável companheiro de vida de Marx, Friedrich Engels, também se deixa influenciar por Ludwig e também escreve sobre ele: *Feuerbach e o fim da filosofia clássica alemã*.

O livro mais conhecido de Feuerbach é *A essência do cristianismo*, de 1841. Sua tese é que a essência da religião é antropológica e não teológica. Em outras palavras, não é Deus que cria o homem, mas são os homens que criam a Deus. Marx desanca a religião com base nos conhecimentos que adquire com Feuerbach: aquela é o ópio do povo, a alienação. Podemos interpretar a história da teologia do século XX, ao menos da teologia cristã e ocidental, como revolvendo ao redor de Feuerbach. Aceitando-o. Recusando-o. Ou assumindo posições intermediárias que o complementam ou o reformam. Sabemos que a obra de Karl Barth pode ser pensada como um grande esforço para recompor a teologia de Deus depois dos ataques de Feuerbach. Barth ensina: Deus é Outro, completamente Outro, não é projeção. Não pode ser pensado a partir da cultura. Recusa os antropomorfismos.

Se vamos enfrentar os temas da sexualidade e da religião pela perspectiva psicanalítica temos de, de algum modo, nos haver com Feuerbach. Se aceitamos seu pensamento, Deus pode ser enfrentado como uma hipótese ultrapassada, superada, dispensável.

Freud lê Feuerbach em Viena

Da Alemanha vamos para a Áustria. Em fins do século XIX, enquanto tocavam as famosas valsas vienenses, o judeu Sigmund Freud lia Feuerbach. O notável professor Brentano da Universidade de Viena quase derrubou Freud de seu ateísmo. Brentano era um ex-padre. Tão importante, que foi professor não apenas de Freud mas também de Husserl, o criador da fenomenologia, além de Stumpf, um dos líderes da psicologia da Gestalt. Todos eles aprenderam com Brentano. Freud ficou muito impressionado com seu professor, tendo quase desistido de seu materialismo, mas Feuerbach venceu em seu pensamento. Não entendemos todas as razões porque um judeu, de família relativamente religiosa, se tornou um tão ferrenho opositor de toda forma de religião, inclusive a de sua família. Sabemos que Freud lutou toda a sua vida com o tema da religião e se opôs violentamente a ela. As marcas de sua preocupação religiosa estão por toda parte em sua obra, por vezes de forma dissimulada. Em praticamente todos os seus livros ele cita a Bíblia, inclusive o Novo Testamento. Além disso, não é de amplo conhecimento que Freud se tornou profundamente amigo de um pastor: Oskar Pfister. A correspondência entre eles - agora traduzida para o português - desvela todo um mundo de preocupações com os temas religiosos. Freud respeita Pfister. Pfister respeita Freud. Assim, podemos anunciar esta quase contradição na vida e nos escritos de Freud dizendo que ele é um ateu preocupado com temas religiosos. Se quisermos exagerar, podemos dizer que Freud era um ateu religioso.

Assim, estamos começando a colocar em relação os temas do capítulo: sexualidade e religião. E o fazemos com cuidado, passo a passo, para que o tema não nos escape. Não se trata de encontro fácil. Exige de nós, exige trabalho não apenas acadêmico, intelectual mas também psíquico, moral, espiritual. Vamos ver o que conseguimos... Gostaria de ver alguma coisa sobre o modo como Freud olha para a religião. Freud é o estudioso por excelência da sexualidade humana. Quando olhamos para o que pensa sobre o religioso, estamos promovendo um encontro entre sexualidade e religião; o estudioso da sexualidade fala a respeito de religião. Em Freud, sexualidade e religião se encontram. Mas é preciso dizer, desde logo, que Freud considerava a religião uma manifestação neurótica. Para ele, quando a sexualidade se encontra com a religião na verdade se encontra com a neurose. Portanto, esse é um tema que esquenta rápido. Seu pensamento é mesmo provocativo. Examinemos um pouco essa posição...

O pensamento de Freud sobre a religião

Renato Mezan é um dos mais famosos psicanalistas de São Paulo, além de filósofo e professor da PUC-SP. Dele, cito uma frase que consta na apresentação do livro *Desejo de Deus*, de Juan Guillermo Droguett: "Apesar de ateu convicto, Freud interessou-se muito pela religião, tendo dedicado a este tema importantes ensaios - entre eles, *Totem e tabu, O futuro de uma ilusão* e *Moisés e o monoteísmo*" (Droguett, 2000, segunda capa).

Na verdade, Mezan não menciona um artigo de Freud de 1907 intitulado *Atos obsessivos e práticas religiosas*, publicado originalmente em uma revista especializada. Trata-se da primeira incursão de Freud no campo da psicologia da religião, assunto que ocuparia sua mente em muitos outros artigos e livros. É nesse artigo no qual ele assevera que a religião é uma manifestação neurótica. O artigo é um fundamento importante para o mencionado *Totem e tabu*, escrito cinco anos depois, em que aparece uma extensa elaboração sobre as religiões primitivas.

Para fazer uma primeira avaliação do pensamento de Freud acerca da religião, devemos dizer que ele foi materialista desde sua juventude e considerava a religião uma ilusão. Multiplicou as ideias do Iluminismo e culminou sua crítica à religião nos argumentos apresentados em *O futuro de uma ilusão*, de 1927. Como dissemos, Freud aceitava a tese de Feuerbach de que a religião é uma construção humana. Sua contribuição distintiva foi relacionar a religião às experiências infantis. A criança teme o poder dos pais e depende de sua proteção. Na vida religiosa adulta, reaparece a sensação de vulnerabilidade infantil que busca proteção em Deus; a imagem de Deus é criada à luz da experiência infantil dos pais, em especial do pai. Freud sempre tratou criticamente a religião; inclusive seu legado pessoal judaico, ainda que tenha deixado para o fim de sua vida seu acerto de contas com o judaísmo quando escreveu *Moisés e o monoteísmo* (1939)[3]. Um tanto estoico[4], ele procurou se livrar de um pensamento baseado apenas no desejo e apostou todo seu otimismo em uma visão de ciência que busca eliminar o pensamento sem confirmação experimental. Quero me deter um pouco neste artigo inicial de Freud sobre religião: *Atos obsessivos e práticas religiosas*, de 1909, porque é nele que Freud diz claramente que a religião é neurose.

Atos obsessivos e práticas religiosas

Neste artigo de 1909, temos o encontro de duas linhas de trabalho no pensamento de Freud: os trabalhos sobre religião e os trabalhos sobre neurose obsessiva. Freud procura mostrar semelhanças entre as cerimônias religiosas e os rituais obsessivos. Trata-se de uma abordagem clínica: os religiosos se parecem muito com os neuróticos, pensa ele, e observa no consultório: os religiosos se parecem particularmente com certo tipo de neurótico - os chamados neuróticos obsessivos. Acompanhemos o argumento de Freud.

Antes de mais nada, ele assevera que não foi o primeiro a perceber a ligação entre os atos obsessivos dos neuróticos e as práticas religiosas. O que é novo em seu pensamento é perceber que essa ligação não é superficial. Portanto, o estudo da neurose obsessiva ajuda a compreender o pensamento e as práticas religiosas.

Há uma família de sintomas que marcam a neurose obsessiva, sendo que os atos obsessivos mencionados no título do trabalho freudiano são apenas um dentre outros. Há também pensamentos, ideias e impulsos obsessivos que nunca se concretizam em atos. Os cerimoniais obsessivos são constituídos de pequenos atos ou restrições de ações que devem ser executados em certa ordem. Aparentemente, esses atos não têm sentido, mas o paciente não pode renunciar a eles; caso

---

3 Além de nos referirmos a esses trabalhos sobre a religião (*Totem e tabu, O futuro de uma ilusão* e *Moisés e o monoteísmo)*, talvez devêssemos também nos referir a *O mal-estar na civilização* (1929), que é um herdeiro direto de *O futuro de uma ilusão,* com um enfoque mais geral.

4 O estoicismo é uma importante corrente filosófica helenística que surgiu cerca de 300 a.C., fundada por Zenon, que residia em Atenas. Individualista, materialista, o estoicismo cultiva certa indiferença diante da vida. Zenon ensinava a resignação lúcida diante do inevitável da vida.

contrário é tomado por grande angústia. Parece haver uma *lei tácita* (Freud, 1909, p. 110) que obriga o paciente a realizar o ritual. Tudo se passa como se fosse um *ato sagrado* (Freud, 1909, p. 111) que não pode deixar de ser feito. Algumas coisas são completamente vedadas aos pacientes e outras só permitidas após a realização de um determinado cerimonial. Tanto a compulsão quanto a proibição de certos atos na neurose obsessiva são usualmente imperativos a serem realizados solitariamente. Por essa razão, a neurose obsessiva pode passar completamente despercebida socialmente.

Nesse ponto, Freud identifica os cerimoniais neuróticos e os atos religiosos. Há escrúpulo de consciência caso os atos sejam negligenciados, há minúcias na execução. Mas os atos religiosos são públicos e simbólicos, ao passo que os atos neuróticos são privados e sem sentido. A neurose obsessiva é tomada como uma caricatura da religião. Freud se propõe, então, a mostrar que as diferenças são apenas aparentes. Ele pretende mostrar que os atos obsessivos têm sim sentido e razão. Cada detalhe tem sentido e tal sentido pode ser revelado mediante a interpretação psicanalítica. Ele ilustra com exemplos como os cerimoniais obsessivos podem ser interpretados partindo das experiências mais íntimas do paciente, principalmente as sexuais.

O neurótico não sabe por que realiza seus atos obsessivos, mas esses atos expressam motivos e ideias inconscientes. A análise desses atos mostra que os pacientes parecem dominados por um sentimento de culpa, acerca do qual nada sabem. Freud usa aqui pela primeira vez a expressão *sentimento de culpa inconsciente*, ou fala de uma *consciência de culpa inconsciente* (Freud, 1909, p. 113), em que pese a contradição de termos. O obsessivo, além disso, é tomado por um sentimento de expectativa de punição. Nesse sentido, o cerimonial surge como um ato defensivo, uma medida protetora contra a esperada punição. Os sentimentos de culpa nos obsessivos são comparados à convicção de miséria dos indivíduos religiosos. Os atos obsessivos são comparados às orações, e às invocações, interpretadas como medidas protetoras e defensivas nos religiosos.

Freud estabelece uma relação clara entre os atos obsessivos e a angústia, antecipando um tema que aparecerá muito mais tarde em seu artigo *Inibição, sintoma e ansiedade*. A renúncia dos atos obsessivos gera uma angústia intolerável. Parece que a angústia só se resolve no ato. Mas os atos obsessivos não são realmente ações humanas livres, são atos sintomáticos. Os atos obsessivos são, nesse sentido, um arremedo de ato, uma substituição patológica do ato humano livre - conquanto a ação humana possa ser livre. Os atos obsessivos são apenas paliativos contra a angústia, porque realmente não são atos livres.

Chegamos então ao centro do argumento freudiano. A neurose obsessiva oculta algo dentro de si: há sempre a repressão de um impulso pulsional, um componente da pulsão sexual represado. Impulsos sexuais infantis sucumbiram posteriormente à repressão. A neurose obsessiva nada mais é do que uma formação psíquica reativa, uma defesa contra esse impulso preso no inconsciente. A influência dessa pulsão é vivida pelo paciente como uma tentação que gera medo e angústia. É importante lembrar que a repressão só obteve um sucesso parcial: o material parece sempre pronto a emergir, o que é vivido sempre como uma grande ameaça. Assim, o paciente faz um esforço constante para impedir tal emergência. Os atos obsessivos surgem como uma proteção contra essa tentação e contra o mal antecipado. As medidas preventivas podem se radicalizar aparecendo proibições com a finalidade de manter a distância as situações de tentação. Então, as proibições substituem os atos obsessivos. Uma vez que a neurose avança, pode-se assistir à transformação desses atos que evoluem de uma estratégia defensiva para se tornarem em uma solução de compromisso entre as forças do desejo e da repressão do desejo (sintoma).

Então, encontramos em *Atos obsessivos e práticas religiosas*, de uma maneira muito clara, a etiologia sexual da neurose obsessiva. A sintomatologia neurótica é uma manifestação e um retorno da vida sexual infantil. Trata-se da repressão de certas pulsões parciais, da pulsão sexual que retorna e que o paciente percebe como tentação e ameaça. Como o obsessivo não discrimina a diferença entre desejar e realizar o desejo, ele se sente culpado (inconscientemente) por esse desejo infantil que permanece. Daí a necessidade de castigo diante da culpa.

O paralelismo na vida religiosa pode ser facilmente encontrado, pensa Freud. Ali também há uma supressão de certos impulsos pulsionais. Entretanto, na religião, os impulsos suprimidos não são apenas de natureza sexual, mas egoicos. O sentimento de culpa e a expectativa de punição relacionam-se ao temor da punição divina. Também aqui há recaídas aos desejos suprimidos, gerando novas ações penitenciais ou preventivas mais radicais, à semelhança da neurose obsessiva.

Para compreender o sentido dos atos obsessivos, explica Freud, é importante compreender a descoberta que fizera em *A interpretação dos sonhos* sobre os mecanismos de deslocamento do desejo. Os pormenores desses atos resultam de um deslocamento, da substituição do elemento real e importante pelo trivial. No campo religioso, os deslocamentos também ocorrem quando a experiência religiosa se torna em algo distante dos pensamentos fundamentais desconhecidos do praticante comum.

Diante de tais paralelismos, Freud encerra seu artigo afirmando, por um lado, que a neurose obsessiva pode ser entendida como uma degeneração patológica da religião. Por outro lado, a religião poderia ser pensada como uma neurose obsessiva universal e pública. E destaca como principal diferença entre as duas manifestações a natureza sexual dos impulsos que geram a neurose obsessiva e a primazia da natureza egoica dos impulsos que alimentam a religião:

> Diante desses paralelos e analogias podemos atrever-nos a considerar a neurose obsessiva como correlato patológico da formação de uma religião, descrevendo a neurose como uma religiosidade individual e a religião como uma neurose obsessiva universal (Freud, 1909, p. 116).

Demais temas

Tal descrição que Freud faz da religião pode assustar o homem religioso. Após o susto, muitos religiosos têm se tornado defensivos; o que não ajuda muito. Contra-atacam, ficam irritados. É necessário ter clareza de que dois são os temas de Freud acerca da religião. O primeiro diz respeito à *prática* da religião; o segundo, à *crença* religiosa em si. Quanto à prática religiosa, ele a vê semelhantemente às práticas neuróticas. Os temas mais teóricos igualam religião e ilusão. Não podemos confundir os campos. Os temas práticos não podem ser enfrentados com defesas teóricas. É necessário olhar para a neurose que se instalou nas práticas religiosas e enfrentar a neurose. Só os temas teóricos podem ser enfrentados teoricamente.

Então em *Atos obsessivos e práticas religiosas*, temos um estudo a respeito da *prática* religiosa. O que aparece é a semelhança, a comparação, entre atos obsessivos e atos religiosos. O cerimonial religioso é visto em comparação com o cerimonial obsessivo. Portanto, o que temos no artigo de 1907 é, sobretudo, uma analogia entre a neurose obsessiva e a prática religiosa. Essa analogia aparecerá também em *Totem e tabu*. Assim, Freud vai aproximando sentidos ocultos tanto da religião quanto da neurose obsessiva. Para ele, o ser humano é capaz tanto de religião quanto de neurose, sendo uma a imitação da outra. A religião é caricaturada no cerimonial neurótico e a neurose obsessiva expandida para o domínio público na vida religiosa.

O segundo tema de Freud acerca da religião é o tema da ilusão. Para ele, ética e religião têm uma origem comum no complexo paterno, de origem edípica. Dois processos entram em jogo: a introjeção do ideal e a projeção da onipotência. O ideal representa uma introjeção da autoridade e tem a ver com a formação do superego. Primeiro vem a introjeção: trazer para dentro da psique o ideal aprendido com os pais. Depois vem a projeção, ou seja, pretender colocar para fora aquilo que está dentro. A projeção, em Freud, gera a ilusão. A problemática da ilusão não é uma problemática propriamente psicanalítica, conforme indicado. Freud ecoa em grande medida concepções da ciência e da realidade de seu tempo, que consideram sem sentido toda linguagem não associada a fatos empíricos[5]. Mas há um problema propriamente psicanalítico no tema da ilusão que diz respeito à decifração das relações ocultas entre crença e desejo. Esse trabalho fica bem caracterizado em *O futuro de uma ilusão*. A ilusão nasce do desejo humano. É o desejo que cria a ilusão. O que distingue mesmo a ilusão é o seu desprezo pela realidade. À ilusão pouco importa a confirmação pelo real. A ilusão, portanto, é a satisfação do desejo sem verificação pela realidade. Uma forma mitigada de delírio. A religião realizaria a mais profunda aspiração humana de proteger o homem da natureza e lhe garantir um destino feliz na história. Ela é produto, portanto, da nostalgia do pai.

---

5 Freud mesmo admite isso em *O futuro de uma ilusão:* "Não disse nada que outros homens, melhores do que eu, já não tenham dito antes de mim, de modo mais completo, energético e impressivo. Seus nomes são bem conhecidos e não vou citá-los porque não quero dar a impressão de estar procurando colocar-me entre eles. Tudo o que fiz – e isso constitui a única coisa nova em minha exposição – foi acrescentar uma certa base psicológica às críticas de meus grandes predecessores" (Freud, 1927, p. 44).

O risco de o religioso desistir da sexualidade

Poderíamos continuar examinando as complexas posições de Freud acerca da religião, o que nos levaria a questões sobre a natureza da realidade, da ciência e do homem. Em vez de explorar todos os detalhes teóricos do pensamento de Freud sobre religião, continuaremos colocando em tensão a questão da sexualidade humana e a religião. Isso é o que mais nos interessa agora. Para isso, trago à luz um provocativo texto de Freud, de 1908, intitulado *Moral sexual "civilizada" e doença nervosa moderna*. Com base nesse texto, enuncio o risco que os religiosos correm de renunciar de modo completo ou parcial ao prazer e ao desfrute da sexualidade.

Nesse artigo, Freud enuncia pela primeira vez a noção de sublimação. Trata-se de um texto difícil e um tanto paradoxal, mas muito rico, pois ajuda a compreender as articulações psíquicas da sublimação. Ele argumenta que o humano se viu diante da vicissitude de reprimir parte de sua capacidade instintual para poder construir a civilização e a família. Tanto a pulsão sexual quanto a agressividade têm de ficar submetidas. Anuncia-se um ideal de amor. O homem liga-se a princípios religiosos e ao trabalho, sacrifica parte do vigor instintual, deslocando-o das metas sexuais. Para poder construir a civilização e mantê-la, paga o ônus da doença nervosa. A repressão da sexualidade, mais ou menos intensa nas diversas formas de civilização, produz as neuroses, quer seja a neurastenia, quer seja a histeria, ou a neurose obsessiva.

Vale citar Freud:

> Nossa civilização repousa, falando de modo geral, sobre a supressão dos instintos. Cada indivíduo renuncia a uma parte dos seus atributos; a uma parcela do seu sentimento de onipotência ou ainda das inclinações vingativas ou agressivas de sua personalidade. Dessas contribuições resulta o acervo cultural comum de bens materiais e ideais. Além das exigências da vida, foram sem dúvida os sentimentos familiares derivados do erotismo que levaram o homem a fazer essa renúncia que tem progressivamente aumentado com a evolução da civilização. Cada nova conquista foi sancionada pela religião, cada

> renúncia do indivíduo à satisfação instintual foi oferecida à divindade como um sacrifício, e foi declarado "santo" o proveito assim obtido pela comunidade (Freud, 1908, p. 173).

Esse trecho faz referência à renuncia da "onipotência" dos instintos, bem como aos "sentimentos familiares derivados do erotismo", como aqueles que seriam o lastro da civilização. Nesse sentido, poderia haver aqui uma importante menção que é a de que os instintos primários do homem serviram para a realização da civilização, colocando o mais baixo com o mais elevado juntos, não os retirando do cenário. Mais adiante, ele menciona:

> O instinto sexual - ou, mais corretamente, os instintos sexuais - pois a investigação analítica nos ensina que o instinto sexual é formado por muitos constituintes ou instintos componentes -, apresenta-se provavelmente mais vigorosamente desenvolvido no homem do que na maioria dos animais superiores, sendo sem dúvida mais constante, desde que superou completamente a periodicidade à qual é sujeito nos animais. Esse instinto coloca à disposição da atividade civilizada uma extraordinária quantidade de energia, em virtude de uma singular e marcante característica: sua capacidade de deslocar seus objetivos sem restringir consideravelmente a sua intensidade. A essa capacidade de trocar de objetivo sexual original por outro, não mais sexual, mas psiquicamente relacionado com o primeiro, chama-se capacidade de *sublimação* (Freud, 1908).

Primeiro Freud fala do vigor e da constância do instinto sexual - característica que diferencia os humanos dos animais -, depois fala da capacidade de deslocar os objetivos sexuais do instinto sexual *sem restringir a sua intensidade*. Isso nos coloca no patamar da criação, usando a força sexual e sua intensidade em outras metas.

Logo à frente, Freud fala da falta de *mobilidade* da força sexual como uma marca destrutiva. Diz: "contrastando com essa motilidade, na qual reside seu valor para a civilização, o instinto sexual é passível também de *fixar-se de uma forma particularmente obstinada*, que o inutiliza e o leva, algumas vezes, a degenerar-se até as chamadas anormalidades". O aspecto preponderante aqui é a mobilidade e a fixação. Em que medida a sublimação pode ser um mecanismo que leve à criação e até onde se mantém fixa, degenerando sua finalidade?

Seguindo no texto, ele menciona que cada sujeito estará exposto a maior ou menor intensidade desse vigor instintivo, e é a constituição inata que determinará o quanto deste será possível sublimar ou usar. Entretanto, nos diz ele, há uma cota que deve ser empregada para a "satisfação sexual direta", sob pena de o sujeito adoecer, "devido aos prejuízos funcionais e ao seu caráter subjetivo de desprazer". Em seguida, faz menção à relevância de a meta sexual estar ligada a fins reprodutivos e que a genitalidade seria, em última instância, a finalidade última da sexualidade, devendo haver uma renúncia àquilo que denomina finalidades pervertidas do objetivo sexual, reservadas ao autoerotismo, ele sublinha.

Então, Freud faz uma advertência grave, uma advertência que considero particularmente importante para os religiosos: "Aqueles que desejam ser mais nobres do que suas constituições lhes permitem são vitimados pela neurose. Esses indivíduos teriam sido mais saudáveis se lhes fosse possível ser menos bons". Um impasse, portanto: se, por um lado, há a necessidade de sublimar os "baixos instintos" para que a "civilização" se constitua, por outro, como não ser atingido pela neurose?

Lembro-me de que, no *Novo Testamento*, Jesus afirma que alguns se fariam eunucos por causa do Reino de Deus (cf. Mateus 19.12). Ecoando ao próprio Jesus, e levando em conta o que vimos em Freud, gostaria de propor um tema: o homem e a mulher religiosos que fazem uma opção pela desistência do exercício pleno da sexualidade.

Certamente, uma parte de toda sexualidade amadurecida é sublimada, ou seja, reinvestida em projetos em que a meta sexual é deslocada, como atividades de cunho profissional e intelectual. Essa sublimação, no entanto, é acompanhada, às vezes, entre religiosos, mas não apenas entre eles, de uma desistência de buscar e obter prazer por meio da meta sexual propriamente dita. Nesse caso, a vida religiosa *mata* a sexual. Há uma desistência ou renúncia ao exercício pleno da sexualidade. Por vezes, há até uma teologia que justifica essa renúncia, deixando a vida sexual prazerosa para os que não são religiosos. Como o motor sexual não se extingue, os sintomas aparecem nas atividades compulsivas, nas manifestações somáticas, que indicam uma repressão da sexualidade dita "sublimada", mas que efetivamente não está sublimada. Não raro, há um conformismo com essa renúncia da sexualidade, desbordando em um ressentimento melancólico, quando não há ataques agudos de culpa, como na neurose obsessiva.

Quando não se acredita mais na possibilidade do prazer e do deleite sexual, há certamente uma restrição na capacidade de viver e de desfrutar a própria existência. Há um empobrecimento da fantasia e da vida relacional que influenciam toda a existência. O que estamos dizendo é que pode haver uma desistência da manutenção do conflito psíquico inevitável para a vida sexual, qual seja, o conflito baseado na intercorrência entre desejo e proibição. Esse conflito é efetivamente o húmus não só da vida sexual como de toda a capacidade criativa humana.

Quando alguém pensa que deve se voltar às suas atividades religiosas e sociais e se conformar em não ter prazer sexual, quando acredita que a vida familiar é a morte da sexualidade, dizemos que algo de empobrecimento está em circulação. Para além da sublimação, talvez esteja em jogo a inibição sexual. O mais triste, assevera Freud, é que há uma relação entre a inibição sexual e a inibição do pensamento e da criatividade. Não apenas a vida sexual, mas todas as áreas da vida estariam também inibidas. O que nos interessa, portanto, é assinalar a relação entre inibição sexual e inibição da fantasia, ou seja, como o religioso abriria campo, ou não, na sua vida psíquica para a elaboração de antigas fantasias sexuais. Ou se o caminho estaria definitivamente barrado e o que ocorreria seria apenas a inibição do pensamento necessária à supressão sexual.

Para prosseguirmos nesse percurso de diferenciar a inibição e o mecanismo de sublimação, e para compreendermos os meandros dos caminhos da libido, nos voltamos à questão da importância das fantasias sexuais infantis que ressurgem na vida adulta. Frequentemente, as inibições da sexualidade, do pensamento e de outras atividades da vida adulta podem estar associadas ao bloqueio da condição de fantasiar e de lidar com essas fantasias, sendo a ação superegoica veemente. Nessas condições, todo e qualquer contato com a sensorialidade, com impulsos eróticos e agressivos, se torna ameaça. O que queremos colocar em consideração é que por meio das teorias "fabulosas" infantis, isto é, as fantasias a respeito do nascimento, do próprio corpo e de seu funcionamento, e do relacionamento das figuras parentais, a criança empreende um caminho criativo rumo à construção da realidade. Esse trajeto composto de elementos de sonho e realidade prepara a criança para os fatos da vida. A curiosidade transforma-se em pesquisa que a levará à verdade, se não se fixar, se inibir, ou for recusada.

A possibilidade de criação da realidade na infância com todos os seus formidáveis movimentos é preparação para a criação na vida adulta. Fantasias inauguradas na infância ficarão para sempre no sujeito como elemento essencial do seu acervo criativo - húmus de sua capacidade de dar sentido e renovar o sentido da realidade. A sublimação poderia ser a interrupção de uma fixação original, um rompimento da paralisia, uma permissão para fluir... Todo um trabalho que permite novas ligações de pensamentos e ações, criando novas realidades, dando sentido à vida, elaborando o retorno do recalcado, das reminiscências infantis, permitindo a desidealização e a passagem do autoerotismo para o erotismo.

A constituição de uma erótica

Estivemos até aqui tocando nos principais termos deste estudo: sexualidade e religião, de uma perspectiva psicanalítica, mais especificamente de uma perspectiva freudiana. Falta abordamos o termo *erotismo*. Prefiro falar de uma erótica e da construção de uma erótica.

Permitam-me recuperar o impasse há pouco enunciado. Por um lado, há a necessidade de sublimar os "baixos instintos" para que a "civilização" se constitua; por outro, como não ser atingido pela neurose? Esse é o conflito proposto por Freud. Trata-se da tensão entre sexualidade e civilização, entre pulsão e superego. Podemos transformar a questão para que fique ainda mais aguda para nós. Vamos nos perguntar como se constitui a relação cheia de saúde entre religião e sexualidade, entre pulsão sexual e espiritualidade. Para ajudar a pensar essas coisas, gostaria de começar solicitando a ajuda do filósofo e artista francês Georges Bataille e de seu livro *O erotismo*.

A constituição de uma *erótica* seria o encontro da condição sublimatória e da condição da vivência do prazer. Bataille denomina isso de "interdição" diante da "transgressão", aqui compreendida como o limite à liberdade sexual. Trata-se de um tempo de trabalho que determina o limite, e um tempo de trabalho que delimita a transgressão desse limite, dessa interdição, havendo um balanço entre essas duas condições.

Bataille assinala que há uma diferença entre a atividade sexual de reprodução e a atividade erótica, esta última uma marca central da experiência humana. A atividade sexual de reprodução é comum aos animais sexuados e aos homens, mas, aparentemente, apenas os homens fizeram de sua atividade sexual uma atividade erótica. O erotismo é muito mais do que a atividade sexual simples, com o fim natural da reprodução e da preocupação com a prole. A questão para o religioso seria como não esvaziar a atividade erótica, ou como a luta pelo prazer sexual tem de continuar para dentro da vida religiosa. Segundo ele, "O desejo do erotismo é o desejo que triunfa sobre a interdição". Nesse movimento é que se cria uma *erótica*, nesse movimento é que aparece uma mudança na subjetividade do religioso inibido. O que estamos perguntando é como se constrói essa erótica. Como é essa arte de colocar em circulação a interdição e a transgressão ao mesmo tempo.

A livre circulação da energia pulsional é imprescindível para o trabalho psíquico. Para que a malha representacional se ligue, se desligue e se desloque do afeto, é necessário que a energia pulsional encontre campo para fazer a movimentação e sua ligação sob a égide de eros. O que pode ocorrer como vicissitude, segundo Freud, é que a condição dessa movimentação fique impedida pelas inibições e represamentos na linha evolutiva psicossexual e suas fixações, o que impedirá esse plástico movimento. Lidar com as pulsões não significa amansá-las ou torná-las autoconservativas, ou "conformar-se com a não descarga"; mas encontrar meios de, sustentando a vivacidade pulsional, entrar em acordos com a cultura: essa é a arte erótica, nos ensina Bataille. Ele menciona que o "ápice do ser só se revela inteiramente no movimento da transgressão em que o pensamento fundado pelo trabalho, sobre o desenvolvimento da consciência, supera finalmente o trabalho, sabendo que ela não pode a ele se subordinar" (Bataille, 2004, p. 127).

Em suma, o que se torna relevante para nós é que o processo de subjetivação leve ao enfrentamento e às elaborações, isto é, nos leve a um trabalho psíquico aliado a eros, permitindo novas ligações, ao prazer do encontro e da criação, mesmo após perdas radicais. A transgressão a ser compreendida talvez seja a condição da construção de uma nova ordem erótica. Fala-se em aceitar o jogo do enfrentamento e da finitude, ainda com a vivência do prazer, urgindo estabelecer um outro estatuto de identidade não masoquista ou vitimado, mas lutando com a vida e com seu infindável enigma.

A constituição de uma erótica que leva em conta a espiritualidade

Precisamos de mais um passo. Precisamos pensar um pouco uma erótica que leve em conta claramente a espiritualidade. Sabemos da denúncia de Nietzsche que aperta cristãos e religiosos de todos os matizes, dizendo que a moral religiosa é a moral do fraco, daqueles que têm medo da vida. Precisaríamos de uma espiritualidade que não destruísse a erótica, pois a erótica é a exuberância da vida, afirma Bataille. Precisaríamos falar de uma religiosidade que não fosse um abrigo e um refúgio daqueles que têm medo de descer aos porões de seus próprios conflitos, das lutas de seu consciente e inconsciente. Assustados com a libertinagem, a desrepressão, e com a perversão, alguém poderá se tornar parceiro da morte para aniquilar eros. Não se trata de fazer um elogio da libertinagem. Trata-se de buscar corajosamente a elaboração dos conflitos psíquicos mais enraizados que permita um desfrute maior da sexualidade e da vivência de uma espiritualidade integrativa. Aqueles que não puderem enfrentar os seus demônios mais profundos, quer dentro, quer fora da vida religiosa, não poderão desfrutar de uma erótica.

Em 1909, a Universidade americana de Clark, Massachusetts, em comemoração a seus vinte anos de existência, convidou Freud e alguns de seus principais colaboradores, entre eles, Jung, Ferenczi e Jones, para as comemorações do aniversário da universidade. Tratava-se de uma semana de eventos. Freud apresentou a psicanálise ao público norte-americano à noite e Jung falava durante o dia. Na última noite, para encerrar sua palestra e sua participação na semana de comemorações, Freud contou uma história, reproduzida aqui. Trata-se de uma anedota muito conhecida, mas a aplicação que pretende Freud é interessante e inédita. Ele falou acerca de um vilarejo alemão chamado Schilda, cujos habitantes eram muito conhecidos por sua esperteza. Os habitantes tinham um cavalo com cuja força e trabalho estavam muito satisfeitos. Só havia uma coisa a lamentar, comia muita aveia e a aveia estava cada vez mais cara. Resolveram tirar do cavalo, pouco a pouco, esse caro costume de comer aveia, diminuindo a ração em alguns grãos a cada dia. A ideia parecia excelente. Efetivamente no começo, tudo dava certo: o cavalo cada vez comia menos e continuava trabalhando do mesmo modo. A ideia era acostumá-lo à abstinência completa. Quando faltavam apenas uns poucos grãos a serem retirados, quando se esperava que no próximo dia o cavalo passaria a trabalhar sem comer aveia, o tal do cavalo morreu, o que deixou os cidadãos de Schilda perplexos e sem saberem explicar essa morte.

Freud não se delongou muito. Encerrou sua palestra com as seguintes palavras: "Nós nos inclinaremos a crer que o cavalo morreu de fome e que sem certa ração de aveia não podemos esperar em geral trabalho de animal algum" (Freud, 1910 [1909], p. 64-65). O contexto de sua fala naquela noite em Clark nos leva a crer que Freud estava falando sobre abstinência não de aveia, mas de sexualidade.

Naquela noite, Freud falara sobre os possíveis destinos dos desejos inconscientes liberados durante o processo analítico. Ele disse que há basicamente três destinos. O primeiro destino a que se refere chama *julgamento de condenação*, isto é, o indivíduo adulto e amadurecido entende que o desejo sexual liberado em análise é um desejo que deve ser frustrado. Ao contrário do que muita gente pensa, Freud não era um tipo libertino, e sua vida estável com Marta, sua mulher, confirma isso. Para ele, o desejo reprimido precisa se tornar consciente, mas não necessariamente atuado. Ele pode ser frustrado. O segundo destino mencionado é a sublimação, ou seja, a capacidade de mudar a meta sexual dos desejos sexuais para um fim elevado, sublime. O terceiro destino mencionado é a satisfação do desejo liberado. Freud é muito realista, e diz: "[...] as exigências da sociedade tornam o viver dificílimo para a maioria das criaturas humanas, forçando-as com isso a se afastarem da realidade e dando origem às neuroses, sem que o excesso de coerção sexual traga quaisquer benefícios à coletividade" (Freud, 1910 [1909], p. 64).

A história do cavalo alemão nos faz pensar em um grande número de religiosos e de certos ideais que circulam nesse meio. Anunciam como santa a abstinência completa e como meritória a frustração de todo prazer e realização de desejos sexuais. Podem até valorizar e promover a repressão sexual como uma estratégia de vida a ser seguida. Lembro-me dos embates de Freud com seu professor Theodor Meynert, notável fisiologista de Viena. Freud teve de deixar o hospital onde o mestre se destaca por causa desses embates. No filme *Freud além da vida*, dirigido por John Huston, que descreve algo romanciado o período formativo de Freud, Meynert chamou o jovem Freud e lhe mostrou uma caixa de escorpiões, que usava em suas pesquisas sobre os efeitos neurológicos do veneno. Meynert disse a Freud: "os escorpiões pertencem à noite", e devolveu um deles à sua caixa escura. Depois, disse: "os escorpiões da mente também devem permanecer na escuridão, não os solte à luz do dia". Mais adiante, no filme, quando o professor Meynert estava morrendo, mandou chamar Freud. Disse a ele que continuasse suas pesquisas sobre histeria e confessou que ele, Meynert, tinha vivido uma vida frívola e vazia, neurótica mesmo, porque jamais tratou de se conhecer. Meynert reconhece que os escorpiões deixados na escuridão arruinaram sua vida, ao menos é isso que nos conta o filme.

Dos escorpiões, voltamos aos cavalos... Aprendemos com Freud que a repressão total da sexualidade e a frustração de todo desejo mata o cavalo. Expressando de outro modo, a vida religiosa, a espiritualidade que não leva em conta a sexualidade não está condenada a destruir apenas a vida sexual e a sexualidade humanas. Está condenada a destruir a própria religião e a espiritualidade. "Não devemos ensoberbecer-nos tanto, a ponto de perder completamente de vista nossa natureza animal, nem esquecer tampouco que a felicidade individual não deve ser negada pela civilização", disse Freud (1910 [1909], p. 64).

A discussão que Freud promoveu àquela noite na Universidade de Clark é equilibrada. A sexualidade amadurecida tem pouca repressão e incorre em três destinos: a frustração, a sublimação e a gratificação. A combinação destas é o que representa o melhor. Toda a busca de plasticidade e elaboração psíquica terá de nos ajudar a aumentar nossa capacidade de suportar a frustração, de aumentar nossa capacidade de sublimação e aumentar nossa capacidade de desfrute do prazer e da sexualidade humana.

Lamento que alguns no mundo religioso tenham se tornado como os "espertos" membros do vilarejo de Schilda. Reduzem o modo de lidar com a sexualidade a um só destino: a frustração. O cavalo adoece e morre. O seu leque de recursos e alternativas psíquicas só tem uma palheta. Infelizmente insuficiente.

Vamos a uma pequena incursão nos estudos bíblicos. Ao que sei, há um verso do livro do *Gênesis* que é o mais repetido em toda a Bíblia. O verso do relato da criação aparece cinco vezes em toda a Bíblia; com nenhum outro verso acontece isso: "Por isso deixa o homem pai e mãe, e se une à sua mulher, tornando-se os dois uma só carne" (cf. Gen 2.24, Mt 19.5, Mc 10.7 e 8, I Co. 6.16 e Ef. 5.31). O verso me impressiona porque aqui coincidem em grande medida os dados bíblicos e psicanalíticos. Se não for possível deixar o pai e a mãe, não há erótica, não há encontro com a mulher, nem com o homem. Não podem ficar nus um em frente ao outro sem se envergonhar – uma citação do verso seguinte ao verso do *Gênesis* já mencionado.

A questão da sexualidade não deve ser posta de modo simplista como uma questão de repressão ou desrepressão. A questão será saber se podemos elaborar nossos sentimentos, nossos afetos e nossas disposições iniciais que se formaram nas relações com pai e mãe. Se, por exemplo, nosso ódio poderá ser conhecido. Se nossa rivalidade com o pai ou com a mãe poderá ser em algum grau superada. Se nosso amor encantado pela mãe e pelo pai pode ser transformado a ponto de se poder encantar, amar e transar com alguém fora da família, em um jogo de sedução, deleite e comunicação. Será realmente possível deixar pai e mãe?

O verso bíblico citado começa com a indiscriminação com o pai e com a mãe. O indivíduo se faz deixando essas relações parentais iniciais. O humano começa com a mãe, é com ela que nos fazemos física e psiquicamente. Somos um com ela no começo. O movimento para se constituir como ser autônomo é um movimento de deixar pai e mãe, em suas múltiplas implicações. Uma tarefa que se estende por toda a vida e prepara para o encontro erótico, prepara para ser uma só carne com o outro. Trata-se de assumir a radical solidão humana: nascemos e morremos sós. Trata-se de buscar a responsabilização pela vida: nossas são as decisões, e é nossa a responsabilidade pelo nosso destino. Encontramos no existencialismo de Kierkegaard e Sartre apoio para compreendermos isso. Depois vem, no verso bíblico, o encontro com a mulher, um movimento de superação do silêncio da solidão. É preciso estar só para poder haver encontro, entrega, superação da solidão. Uma dialética que inclui a finitude, o reconhecimento da condição mortal humana. Bataille é quem diz que a erótica é a afirmação da vida que inclui a morte (Bataille, 2004).

Quando o apóstolo Paulo cita o verso bíblico do *Gênesis* em sua carta aos Efésios, diz que o mistério se refere ao relacionamento com Deus. Trata-se da mesma dialética, de separação radical e de superação da separação pela espiritualidade. Trata-se da mesma aceitação da alteridade radical, da suportação da diferença, da aceitação da morte, que pela erótica e espiritualidade por um instante se perde e outra vez se recupera. Cito Bataille (2004, p. 202): "A santa se desvia apavorada do voluptuoso: ela ignora a unidade que existe entre as paixões inconfessáveis deste último e suas próprias paixões".

Conclusão

Cabe à psicanálise uma tarefa legítima e necessária de apontar os componentes propriamente neuróticos da religião. As relações da religião com o desejo e com o ódio precisam ser decifradas para além de toda dissimulação. É preciso que fique claro também que sua tarefa é, sobretudo, clínica, ou seja, a psicanálise da religião se limita a investigar as representações religiosas - as práticas, os investimentos, as renúncias a ela associadas. Não deve se pronunciar sobre o estatuto propriamente epistemológico da religião, ainda que cada teórico individualmente possa fazer isso. Só assim poderá fugir do risco de se tornar uma visão filosófica da realidade: que o *Weltanschauungen*[6] fique para os filósofos, diz Freud (1926 [1925], p. 99). O próprio Freud, escrevendo para o pastor Pfister, diz:

> A psicanálise em si não é religiosa nem antirreligiosa, mas um instrumento apartidário do qual tanto o religioso como o laico poderão servir-se, desde que aconteça tão somente a serviço da libertação dos sofredores (Freud; Pfister, 1998, p. 25).

Para encerrarmos, retornaremos ao ponto de partida, ou seja, olhando a comparação freudiana da religião e da neurose obsessiva. Se tomarmos a sério a dimensão propriamente anal da neurose obsessiva, ou seja, sua tendência de controle e dominação de seus objetos, podemos melhor compreender por que o neurótico obsessivo se apropria e se identifica com a linguagem religiosa. Trata-se de um esforço grandiloquente, maníaco mesmo, de controlar e submeter a realidade. Uma construção defensiva, uma tentativa de evitar o sofrimento, o inusitado, a imprevisibilidade da vida. Nesse sentido, por um lado, a neurose obsessiva se manifesta na religião como uma forma de mal lidar com as pulsões penosas que retornam e, por outro, como uma forma de evitar a angústia diante da incontrolabilidade da existência. A verdadeira espiritualidade não será uma evitação da vida, um apego infantil a Deus. A mesma coisa podemos dizer da sexualidade: não poderá ser uma evitação da vida e um apego infantil ao outro.

---

6 Palavra alemã que poderia ser traduzida por *cosmovisão*.

Por fim, talvez devêssemos encerrar com uma nota mais leve. Em *Escritores criativos e devaneios*, Freud (1908 [1907]) examina nas crianças os traços da atividade imaginativa. Sugere que no lúdico infantil temos um paralelo com a criação adulta. As crianças em suas brincadeiras comportam-se como um escritor criativo: criam um mundo próprio investido de afeto. Ambos levam a sério esse mundo que criam, mas não o confundem com a realidade. Aqui surge um binômio com futuro na psicanálise: *brincar e realidade*[7]. Freud associou a religião à neurose obsessiva. Sem desenvolver o tema, perguntamos pela possibilidade de uma religião aparentada não com a neurose obsessiva, mas com os atos criativos e com a brincadeira.

Freud tinha investigado os mecanismos da brincadeira no jogo do carretel em uma criança de 1 ano e meio em *Além do princípio do prazer* (1920, p. 25-28). Donald Winnicott deu um passo adiante quando começou a estudar as condições subjetivas que permitem a brincadeira. Quando investigou essas condições, teve de pensar no relacionamento entre a mãe e o bebê. Winnicott considera esse jogo psíquico entre a mãe e o bebê a base para o brincar que se estabelece em um clima de *confiança*. Ele associa esse brincar ao viver espontâneo. Em sua teoria, a espontaneidade está ligada à criatividade e é expressão do verdadeiro self[8]. No outro polo, no falso self, não há a possibilidade de brincar com as fantasias. Ele leva esses conceitos todos para a vida adulta. Em sua compreensão, todo ato criativo é um ato de estar brincando em ambiente de confiança.

A coleção de cartas desse autor da psicanálise inglesa chama-se *O gesto espontâneo* (Winnicott, 1990). São os gestos espontâneos que apontam para uma vida menos obsessiva, menos compulsiva, mais livre e mais confiante, uma forma de viver que se aproxima da brincadeira[9]. Não haverá uma experiência religiosa que possa surgir e se alimentar desse ambiente de confiança e brincadeira?

---

7 Muito mais tarde nesse século, o psicanalista inglês Donald Winnicott transformaria esse binômio em nome de seu livro da maturidade: WINNICOTT, D. W. *O brincar e a realidade*. Tradução de J. O. de Aguiar Abreu e V. Nobre. Rio de Janeiro: Imago, 1975.

8 Não é nossa intenção aqui expor o uso que Winnicott faz da palavra self como expressão da personalidade humana.

9 Uma intuição também de Freud: "Como adulto, [a criança] pode refletir sobre a intensa seriedade com que realizava seus jogos na infância, equiparando suas ocupações do presente, aparentemente tão sérias, aos seus jogos de criança, pode livrar-se da pesada carga imposta pela vida e conquistar o intenso prazer proporcionado pelo humor" (Freud, 1927, p. 136).

Talvez essa religião e essa espiritualidade menos presas ao controle, ao domínio do outro ou de Deus, uma espiritualidade amarrada à vida, ancorada em eros, talvez essa espiritualidade nos ajude a construir uma erótica que afirme a vida diante da diferença, diante da solidão e diante da morte. Conhece a oração de Winnicott? Ele disse: "Senhor Deus, que eu esteja vivo na hora da minha morte". Com essas palavras paradoxais de Winnicott, terminamos nossa contribuição, acatando em meio à vida a própria morte.

Referências

BATAILLE, G. *O erotismo*. São Paulo: Arx, 2004.

DROGUETT, J. G. *O desejo de Deus*. Petrópolis: Vozes, 2000.

FREUD, S. (1908 [1907]) *Escritores criativos e devaneios. Edição standard brasileira das obras psicológicas completas de Sigmund Freud*. Rio de Janeiro: Imago, 1996. v. IX.

__________. (1908). *Moral sexual civilizada e doença nervosa moderna. Edição standard brasileira das obras psicológicas completas de Sigmund Freud*. Rio de Janeiro: Imago, 1976.

__________. (1909) *Atos obsessivos e práticas religiosas. Edição standard brasileira das obras psicológicas completas de Sigmund Freud*. Rio de Janeiro: Imago, 1976.

__________. (1910 [1909]) *Cinco lições de psicanálise. Edição standard brasileira das obras psicológicas completas de Sigmund Freud*. Rio de Janeiro: Imago, 1976.

__________. (1920) *Além do princípio de prazer. Edição standard brasileira das obras psicológicas completas de Sigmund Freud*. Rio de Janeiro: Imago, 1996. v. XVIII, p. 25-28.

__________. (1926 [1925]) *Inibições, sintomas e ansiedade. Edição standard brasileira das obras psicológicas completas de Sigmund Freud*. Rio de Janeiro: Imago, 1996. v. XX, p. 99.

__________. (1927) *O futuro de uma ilusão. Edição standard brasileira das obras psicológicas completas de Sigmund Freud*. Rio de Janeiro: Imago, 1996. v. XXI, p. 44.

FREUD; PFISTER. *Cartas (1909 a 1939). Carta n. 2 de 9/2/1909 de Freud a Pfister*. Tradução de K. H. K. Wondracek e D. Junge. São Paulo: Ultimato, 1998. p. 25.

WINNICOTT, D. W. *O brincar & a realidade*. Tradução de J. O. de Aguir Abreu e V. Nobre. Rio de Janeiro: Imago, 1975.

______. *O gesto espontâneo*. Tradução de L. C. Borges. São Paulo: Martins Fontes, 1990. (Coleção Psicologia e Pedagogia).

O CASO NANCY:

A DOR SAINDO PELA PELE[1]

Manoel Tosta Berlink e Sérgio de Gouvêa Franco

> *A solidão do psicoterapeuta consiste em não poder, em não ousar comunicar aos outros o que faz ou em comunicar certas coisas falsificadas... Nestas condições é de se perguntar se podemos falar de tratamento bem-sucedido. A própria ideia de um tratamento com sucesso é talvez contraditória com a experiência terapêutica.*
>
> *(Fédida, 1988, p. 27, 31)*

INTRODUÇÃO

Nancy deita-se no divã e logo é tomada por fortes sensações físicas. Sente frio quando não está frio. Aperto no peito, suores, medo e tontura. Na primeira sessão, depois das entrevistas, não suporta estar deitada, mas não quer ir para a cadeira. Passa a sessão sentada no divã: de costas para mim, olhando para frente. Heroica, ela não vai para a cadeira. Livre, ela não vai para a cadeira. Sofrendo brutalmente, ela não vai para a cadeira. Ela enfrenta sua condição estoicamente, com resignação, tem uma missão a cumprir.

Quando mudei de consultório, um ano e meio depois de ter começado o tratamento, ela se sente tão perdida no novo espaço físico! A confusão no espaço físico é uma metáfora de como se sente perdida na vida. Seu grito interior parece ecoar em um quarto vazio: angústia. Uma angústia calada, um grito silencioso. Ela se encanta com

---

1 Este capítulo, escrito em coautoria com Dr. Manoel Tosta Berlinck, foi originalmente publicado em forma de artigo no seguinte periódico: *Revista LatinoAmericana de Psicopatologia Fundamental*, v. VI, n. 1, mar. 2003.

um quadro à frente do divã. Um quadro de origem mexicana, uma reprodução em que pernas, cabeças e braços se confundem; o tom principal é o vermelho. Ela fala do vermelho como sinal de vida, de sangue e de vida. Sangue e vida em meio à confusão.

Nancy produz no psicanalista uma sensação complexa: aquela imagem diante de mim. Uma médica de origem humilde progredindo profissionalmente; um sucesso muito além do programado no seio da família original. Poderia ser agressiva no início do tratamento e foi sedutora. Quando uma relação de confiança se estabeleceu, as dissimulações foram desaparecendo e o mundo interno frágil e carente foi sendo assumido com menos constrangimentos. Mas se é pega frágil, apresenta-se forte e é mesmo forte, estranhamente forte. Sempre arranha o *setting*: me provoca, me instiga, quer de mim algo além do trabalho do analista. Sorriso maroto, o corpo sempre marcado pelas manchas da psoríase[2]. Não raro, quando está saindo do consultório, se despede com uma palavra-alfinete; por mais forte que seja sua dor, ela não precisa voltar, ela não precisa deitar-se no divã ou ir para a cadeira. Por mais que peça ajuda, sabe: terá de conviver consigo mesma para sempre; ela mesma é a responsável por si. Dor e liberdade, lá vai ela e depois volta para uma outra sessão.

A mãe de Nancy

Cometi um lapso quando escrevia este capítulo. Havia escrito: sua mãe morreu quando tinha 2 anos. O fato é que sua mãe morreu quando ela estava com 9 anos. Por que será que escrevi aquilo? Não acho difícil explicar. Quanto mais aprofundo o tratamento, mais penso que Nancy não pode ser pensada apenas segundo a referência da neurose. São essas manifestações da pele tão agudas, tão intensas. É essa necessidade de uma presença concreta minha; como se eu não pudesse ser apenas um semblante em que suas transferências são lançadas: preciso ser algo real para ela. Penso Nancy não apenas com o componente histérico, mas com o componente somático aproximando-a da borda da neurose a ponto de cruzá-la. Para onde, entretanto, leva esse cruzamento? Prazer e sofrimento, passividade e estoica perseverança remetem à natureza masoquista da sexualidade humana.

---

2 Doença dermatológica crônica caracterizada pela presença de manchas avermelhadas e escamações.

Mas será Nancy masoquista? Suas palavras-alfinete no fim das sessões sugerem essa fixação sexual na versão sádica?

Meu ato falho aponta para a hipótese de que há uma falha mais antiga em sua história. Uma falha com dois anos? Usa-se falha em geologia quando o solo se abre e se aprofunda, quando o terreno firme da rocha vai para as profundidades. A falha é o abismo, o "sem fundo", a profundidade. A falha produz náuseas, mal-estar de quem ficou lançado no ar. O que aconteceu com Nancy aos 2 anos? Por que o abandono dos 9 anos parece ser vivido como algo tendo acontecido antes? Como uma experiência de morte. Parece gritar sem ser ouvida, clamar e dormir nas próprias lágrimas, só.

Uma sessão me impressionou tanto... Nancy tinha rompido seu relacionamento. Amor encontrado na internet, homem casado, gentil e bem colocado socialmente. Quando ele se aproxima, ela boicota o relacionamento: começa a exigir mais atenção, inclusive no fim de semana, quando era impossível a um homem casado dar-lhe atenção. Quando C. A. não aguenta tanta amolação e a deixa, ela tem uma impressionante crise dermatológica. Seu corpo fica quase inteiramente tomado por manchas. A aparência é feia. Manchas nos braços. Seu couro cabeludo fica quase inteiramente escamado. Diz ter manchas por toda parte. Seus pés vão ficando tortos devido a um reumatismo psoriático[3]. São sinais da morte que se fazem presentes com grande intensidade. Ela sabe da gravidade dessas manifestações físicas; sabe pelas estatísticas que viverá mais 20 anos, chegando aos 60. Estuda e se informa sobre reumatismo. Há, em Nancy, um verdadeiro gozo mesclado ao sofrimento corporal.

Em meio à crise dermatológica do fim do relacionamento com C. A., resolve trocar de dermatologista. Procura uma médica de renome. Poucas vezes chega ao consultório tão destruída como depois da consulta com a tal dermatologista. A médica a trata com rispidez, acusa-a de coçar as feridas, é agressiva. Ela não se defende. Boa dermatologista, péssima médica - penso eu. Nancy chega à sessão como quem foi atropelada por um caminhão, violentada. Interpreto sua busca não apenas por uma médica na dermatologista. Anuncio uma crítica a uma medicina divorciada do

3 Trata-se de um reumatismo deformante associado em sua etiologia a psoríase, me explica ela. Mais adiante, na análise, me contará sobre novas afecções somáticas: problemas gástricos relativamente importantes.

paciente, com a qual ela concorda. Não seria uma busca de uma mulher como referência? Não seria uma busca de acolhimento materno? Aos poucos, ela se acalma e quer ir para o divã. Deitada no divã, eu a contemplo: corpo e alma feridos, abertos, expostos. Precisa de acolhimento. Tratar pacientes como Nancy com firme delicadeza serve, por um lado, para impor limite e, por outro, para não fortalecer o fantasma em que o outro ocupa um lugar sádico. O psicoterapeuta desloca-se, então, de posição referida pelo paciente, da dermatologista sádica. O tratamento psicoterapêutico da pele seria, então, um tratamento do limite, da borda de um psiquismo atingido por atos vividos como sádicos. Então, Nancy diz algo surpreendente:

- Não quero falar, quero que você fale.

Pergunto:

- E o que gostaria que eu dissesse?

Ela me responde:

- Gostaria que me cantasse cantigas de ninar.

Talvez eu devesse ter cantado, se tivesse mais coragem, se soubesse cantar. Aquele apelo comovente de cuidado! Quantos anos tinha Nancy naquele momento? Dois? Destruída por aquela revivência de rejeição e de desamparo: seu corpo e sua alma partidos diante de mim. Entretanto, não há continência, sua pele esburacada fala de uma psique também esburacada. Aquele clamor todo por acolhimento... O que aconteceu com Nancy quando estava com 2 anos? Que abandono experimentou em relação à sua mãe, colocando-a diante da morte perante quaisquer maus-tratos, perante qualquer ausência? Não sabe quando a mamãe vai voltar? Não aprendeu a lição do "fort-da"[4]?

O pai de Nancy

No dia do enterro de sua mãe, Nancy não chorou. Tornou-se forte, aparência de força. Ela é a filha mais velha, sua irmã não teve tanta felicidade profissional. Na

4 "Fort-da" refere-se ao trabalho de investigação de Freud acerca da capacidade de simbolização da presença/ausência em uma criança de 1 ano e meio, em sua brincadeira de jogar um carretel (Freud, 1907 [1906], p. 25-28).

família, passou a ser referência, cuida de um, cuida de outro, cuida dos vizinhos. No hospital, é ética, briga pelos pobres, se ofende com os maus-tratos aos pacientes. Conta assustada das mortes, ainda se choca. Conta ter tocado um morto e depois ter precisado abraçar um vivo.

Depois da morte de sua mãe, Nancy se uniu a seu pai. Logo na primeira entrevista, conta um sonho. Estava dormindo com o pai, no mesmo quarto. Aparentemente, após a morte da mãe, passa a dormir no mesmo quarto do pai. E por que dorme no mesmo quarto do pai? Durante o sonho, começa a gritar, se agita. Frequentemente, fala de sonambulismo, de não saber ao certo se está sonhando ou se está acordada, fala de visões e indiscriminações dessa ordem. Em seu sonho, um "negrão" veio abraçá-la, então ela começa a gritar. Quando acorda, é seu pai quem a está abraçando. Uma mistura do pai real e "negrão" abraçando-a no sonho. Então, vem um caminhão e arrebenta a parede do quarto onde ela está.

É notável escutá-la contar esse sonho na primeira sessão. Será que não percebe o elemento incestuoso envolvido? Não se importa? Por que apresentá-lo de modo tão explícito já na primeira sessão? Também me chama a atenção esse caminhão que arrebenta as paredes. O traumático logo ali. Aquilo que não pode ser simbolizado, o que não pode ser dito, a violência, a invasão. Não seria sua pele arrebentada um paralelo desse mesmo traumático da parede arrebentada? Novamente surge, na fala da paciente, esse sem-limite de gozo e dor, próprio da sexualidade que, entretanto, quando se transforma em fixação leva à perversão. Nancy sabe do incesto mas, mesmo assim, vai para a cama com o pai, onde ocorre um sonho-desastre.

A transferência

Dois anos após o início do tratamento, ela envia um e-mail. Precisa de uma sessão extra para o próximo dia, porque está muito angustiada: a última sessão a mobilizou muito. Nunca tinha respondido seus muitos e-mails. Daquela vez, resolvi responder, talvez para demonstrar quanto minha técnica criticada como rígida é efetivamente mais flexível. Respondo lacônico e formal: "Não posso atendê-la em sessão extra amanhã, mas no dia seguinte". O impacto do e-mail foi muito maior do que eu imaginava.

Nancy veio estranha, retraída, lacônica. Com muito custo, contou nas próximas sessões o que acontecia. Finalmente, descobri que estava, digamos, decepcionada comigo. No meu e-mail-resposta, aparecia no cabeçalho meu nome com uma barra do lado e o nome de minha mulher. Nancy - que tanto busca a minha concretização como pessoa, que tanto luta contra meu lugar de analista - não suporta quando minha vida pessoal aparece um pouco. Conta-me, dissimulando o impacto, que não poderia aceitar a realidade de eu ter uma mulher. Ela me diz que já sabia que eu era casado porque uso aliança na mão esquerda. Mas aquele contato com o fato bruto de que tenho uma mulher chocou a paciente. Então, instaura-se um comportamento reativo intenso. Ela se fecha, se deprime, se afasta e quase rompe a análise.

O que Nancy vive como traumático é, entretanto, a consciência de algo anteriormente recusado. A aliança no dedo significando casamento foi percebida por ela e renegada, recusada. Quando volta a tomar consciência desse fato, Nancy se abate, pois não há mais como sustentar uma posição perversa, de gozo, diante do psicanalista.

Fiquei pensando, então, que Nancy teve um rompimento mais ou menos traumático de uma ilusão amorosa comigo. Penso em Winnicott e no movimento do bebê que passa do subjetivo, pelo transicional, até o objetivamente percebido (Winnicott, 1975, p. 13-44). Aquela ilusão de que eu poderia ser um substitutivo de uma mãe, de um pai incestuoso e perverso, de um companheiro perdido foi necessária, absolutamente necessária. Ilusão talvez abruptamente rompida com a invasão do objetivamente percebido, traumaticamente experimentado.

Reflexão – a transferência

"Num tratamento psicoterapêutico, sobretudo no caso difícil, é necessário que o delírio tenha seu lugar", afirma Fédida (1988, p. 27). O delírio suportado pelo terapeuta traz a esperança da reconstrução do paciente e de que este, a seu tempo, possa se reconduzir à realidade. É sempre bom lembrar que a realidade que esperamos que o paciente abrace é uma realidade socialmente construída, portanto, uma realidade não absoluta, mas relativa. Uma realidade, entretanto, contendo sempre um espaço para a diferença recusada na percepção.

O modelo é o de Zoe Gradiva com o arqueólogo Norberto Hanold[5]. Ao longo de toda a viagem do arqueólogo a Pompeia, ela o acompanha sem jamais confrontá-lo, sem jamais forçá-lo a acordar do delírio. Entretanto, Zoe não se funde com Norberto em seu imaginário. Fala a ele em linguagem dúbia: a um só tempo manifesta a compreensão do delírio de Norberto e indica que não desposa esse delírio. Tal postura clínica compreende quanto um rompimento precipitado do delírio pode ter efeitos traumáticos que reforçam a alienação do paciente. Nesse sentido, ao psicanalista cabe uma espera paciente, acompanhando seu paciente por toda sua viagem a "Pompeia", acreditando que o delírio carrega a possibilidade de cura.

Romper com a ilusão precipitadamente pode comprometer o tratamento. Nesse sentido, a ilusão é necessária ao tratamento. Fico em dúvida se o contato de Nancy com o cabeçalho do meu e-mail contendo o nome de minha mulher foi uma ruptura precipitada, traumática. Talvez tenha sido, talvez mais provavelmente tenha sido apenas em parte. O sinal da possibilidade da continuidade do tratamento aponta para a parcialidade desse trauma. De qualquer forma, foi ela mesma quem "viu" o cabeçalho; ela já sabia que eu era casado porque uso aliança. Poderia ter feito desaparecer ou enfraquecer o nome de minha esposa como tinha feito desaparecer ou enfraquecido a percepção da aliança. Se pode "ver" o nome de minha mulher no e-mail, talvez isso signifique que já era chegada a hora de poder ir abandonando suas fantasias perversas, para se reencontrar com a realidade. Isso tudo não me exime de pensar que o melhor teria sido não ter respondido àquele e-mail com outro e-mail, e mesmo de decidir não responder mais e-mails dela com e-mails. Mas em psicanálise não somos meros aplicadores de regras fixas, não somos meros administradores. "O ponto principal, que diz respeito à dificuldade clínico-técnica, é de pensar que podemos fazer tudo desde que se saiba o que se faz. Nesse momento é evidente que não se pode fazer tudo... Devemos ajudar o psicoterapeuta a pensar o que faz", nos diz Fédida (1988, p. 26-27). Além disso, quando a perversão se manifesta na clínica, o psicanalista corre o risco de se tornar transferencialmente perverso e ter fantasias de que recusa os limites impostos pela técnica.

Assim, quando Nancy se apega ao analista, quando usa uma linguagem sedutora, quando se deixa levar por fantasias perversas, esses podem se tratar de recursos

---

5 Cf. Freud (1907 [1906], p. 14-88). Trata-se de *Delírios e sonhos na Gradiva de Jensen*, um comentário de Freud ao romance *Gradiva – uma fantasia pompeiana de Jensen Wilhelm.*

diante do horror do vazio, do nada, da fragmentação ou, mais precisamente, do esvaziamento. Recorrendo outra vez a Fédida:

> Importante porque permite compreender o momento em que o paciente se aproxima das angústias que o ameaçam do interior, vividas como angústias de despedaçamento... O paciente tem necessidade da totalização do amor de transferência para se proteger destas ameaças interiores tão fortes e tão violentas... Nestas condições, o paciente se agarra ao terapeuta esperando fazer uma unidade com ele (Fédida, 1988, p. 48).

Como estamos em contato com um ego constantemente ameaçado, o analista não pode assumir atitudes meramente defensivas diante dos constantes ataques de Nancy, quer sejam uma objetificação amorosa do analista, quer sejam movimentos perversos de atuação do *setting*. É preciso admitir o que está acontecendo e procurar acolher os afetos envolvidos para dentro do tratamento, sem perder de vista a natureza perverso-polimorfa da sexualidade humana e a possível presença de fantasias sadomasoquistas do paciente.

Reflexão – a pele

Há pouca dúvida: as afecções dermatológicas mantêm estreitas relações com os estresses da vida e com as crises emocionais. Claro, é importante saber o que fazer com esse conhecimento. Aparentemente, a dermatologista renomada que atendeu Nancy sabia disso e usou esse conhecimento para culpabilizar insensivelmente a paciente. Talvez seja necessário aprofundar a compreensão e dizer: as afecções de pele estão relacionadas a falhas de estruturação do eu (Anzieu, 2000, p. 52-55).

Os pacientes dermatológicos podem ter uma fragilidade na organização psíquica, assim como uma insuficiência da diferenciação tópica, da coesão do self e do desenvolvimento do eu. Tais fragilidades egoicas levam a uma pulsão de apego. Oscilam entre uma angústia de abandono se o objeto de apego não está próximo e uma angústia de perseguição se o objeto está próximo demais. Nancy apresenta esses sintomas em contatos com seus parceiros, em relatos sobre seu relacionamento com o pai e, transferencialmente, com seu analista.

As doenças de pele são antes de qualquer coisa uma forma de atrair a atenção sobre si, mais especificamente sobre a pele. São, também, uma forma de desfrute de um prazer mesclado com dor. Exatamente a pele, ao que tudo indica, que não recebeu por parte da mãe os contatos[6] suaves, quentes, firmes e tranquilizadores necessários à correta constituição egoica. Nesse sentido, meu ato falho sobre os dois anos da morte da mãe de Nancy está mal colocado, a mãe "morreu" muito antes, quando não pôde acolher plenamente Nancy muito menor.

Anzieu cita um professor, dermatologista, psiquiatra e psicanalista que assevera: "A profundidade da alteração da pele é proporcional à profundidade do dano psíquico" (Anzieu, 2000, p. 55). Nesse sentido, as doenças generalizadas de pele podem estar, sem nenhuma dissimulação, anunciando o perigo do desmoronamento psíquico. Podem ser um apelo mudo e ao mesmo tempo eloquente de ajuda para um ego em frangalhos, como o ego que apareceu no dia da visita de Nancy à dermatologista renomada.

Coçar as afecções de pele pode ter um sentido erótico, afirma também Anzieu. Esse sentido se aplica a Nancy também. Parece que, por um efeito perverso e somático, a sensibilidade vaginal desaparece e se espalha pelas feridas do corpo, dando testemunho não só do corpo erógeno como também da natureza perversa polimorfa da sexualidade. Não raro, a paciente coça-se agravando a situação da pele. É usual tanto na histeria como na perversão a dessensibilização da vagina e a sensibilização de outras partes do corpo ou sua totalidade. Aqui parece que ocorre a dessensibilização da vagina acompanhada por uma somatização erótica da pele ferida. Não se trata apenas de pulsões eróticas mas também de agressividade, uma agressividade que se volta contra si masoquistamente. A agressividade subjacente manifesta-se nesse autoferir-se quando do ato de coçar. Então, as dermatoses estão ligadas a um autoerotismo acompanhado de agressividade. Estamos, assim, entrando no tema do autoerotismo e da autodestruição. Essa condição primária remonta a um momento do desenvolvimento psíquico em que existe pouca ou

6 Ou recebeu de um modo excessivo, ou ainda de um modo que não pode ser reconhecido pelo bebê.

nenhuma discriminação do corpo e da psique. A recusa da realidade é possível justamente porque há um déficit de discriminação. As fantasias perversas encontram, portanto, apoio na própria constituição do psíquico e da sexualidade. Esses pacientes dermatológicos têm, aparentemente, uma marca somática porque carregam uma fixação nesse período do desenvolvimento psíquico em que a diferenciação corpo e mente não foi ainda engendrada na mente.

Conclusão

No caso Nancy, surgem sintomas que dificilmente poderiam ser chamados apenas histéricos. A queixa inicial foi a dificuldade de estabelecer relacionamentos amorosos; aos poucos foram se configurando na análise os traços não apenas neuróticos desses relacionamentos. A organização edípica recusada aparecia em tudo, nos relacionamentos e nas afecções somáticas.

Algumas dessas manifestações são vestígios de formas antigas da estruturação psíquica e podem, por essa razão, ser chamadas de manifestações somáticas do psíquico. É usual se pensar que as manifestações somáticas são uma necessidade de defesa contra uma dor psíquica que literalmente não pode ser dita e, em consequência, tem de ser somatizada. É comum, também, pensar que as manifestações somáticas têm ligação com a sexualidade arcaica ou perversa polimorfa. Nesse sentido, esses pacientes somáticos manifestam elementos de organizações antes perversas que neuróticas.

Se assim é, talvez na segurança do consultório o paciente seja capaz de se deixar-se inundar por uma grande quantidade de angústia, associada a toda sorte de sensações estranhas, que, em outras circunstâncias, simplesmente teriam sido excluídas da consciência. Se faltou cuidado inicial adequado, se faltou o contato físico da mãe com a pele do bebê, o analista se oferece ao paciente com o holding e o handling[7] que a mãe real não pôde oferecer. É assim que o paciente pode viver essas experiências estranhas e pode começar a nomeá-las, na esperança de que onde estão as manifestações somáticas um dia apareçam fantasias possivelmente

7 As expressões *holding* e *handling* são de Winnicott.

de natureza sexual e de agressividade. Assim, ao invés de Nancy fazer uma enorme crise dermatológica no fim do relacionamento com C. A., talvez ela pudesse viver todos os conteúdos que fogem ao aparelho psíquico e, quem sabe, viver e falar de todo o seu amor e ódio por ele, voltando às fontes parentais deslocadas - o amor e ódio ao pai e à mãe que a abandonou tão cedo. Quem sabe fosse possível falar de todo seu horror de ser abandonada e ficar vazia, um horror com nascedouro em momentos primários e constitutivos da personalidade.

Parece que o recurso da somatização carrega uma memória do antigo, uma regressão a um funcionamento mental inicial. São sintomas que parecem representar um colapso na capacidade de simbolização do indivíduo e, portanto, em sua capacidade de elaboração da vida. Quando a angústia, a fúria, o horror ou a excitação são somatizados em vez de serem reconhecidos e processados, o que está em jogo é um funcionamento pré-verbal, típico dos momentos iniciais da vida do bebê, quando não há discriminação da percepção do corpo e da mente. Parece que no momento somático há um funcionamento assemelhado a esse momento inicial de indiferenciação da percepção da mente e do corpo. Mas também trata-se de um funcionamento em que prazer e agressividade se mesclam, num sem-limite gozoso.

Talvez seja possível fazer todo um trabalho clínico que possa ajudar o aparecimento de emoções latentes nesses pacientes somáticos e ajudá-los a pensar as fantasias a elas associadas e assim eles possam, finalmente, dar um nome ao horror anteriormente inominável. A sequidão de vida de Nancy, o terror que esses fantasmas de terras distantes vêm lançar sobre ela, seu horror à separação, essa sensação de que a vida plena não é para ela, talvez tudo isso em parte possa ser atenuado.

Referências

ANZIEU, D. *O eu pele*. Tradução de Z. Y. Rizkallah et al. 2. ed. São Paulo: Casa do Psicólogo, 2000.

FÉDIDA, P. *Clínica psicanalítica – estudos*. Tradução de C. Berliner et al. São Paulo: Escuta, 1988.

FREUD, S. (1907 [1906]). *Delírios e sonhos na Gradiva, de Jensen. Edição standard brasileira das obras psicológicas completas de Sigmund Freud*. Rio de Janeiro: Imago, 1996. v. IX.

______. (1920) *Além do princípio de prazer. Edição standard brasileira das obras psicológicas completas de Sigmund Freud*. Rio de Janeiro: Imago, 1996a. v. XVIII, p. 25-28.

MCDOUGALL, J. *Teatros do eu*. São Paulo: Martins Fontes, 1992.

______. *Teatros do corpo*. Tradução de A. D. Pabon. Madri: Julian Yebenes, 1995.

______. *As múltiplas faces de Eros: Uma exploração psicanalítica da sexualidade humana*. Tradução de P. H. B. Rondon. São Paulo: Martins Fontes, 1997.

WINNICOTT, D. W. *O brincar e a realidade*. Tradução de J. A. Abreu e V. Nobre. Rio de Janeiro: Imago, 1975.

______. *O ambiente e os processos de maturação. Estudos sobre a teoria do desenvolvimento emocional*. Tradução de I. C. S. Ortiz. Porto Alegre: Artes Médicas, 1982.

______. *Tudo começa em casa*. Tradução de P. Sandler. São Paulo: Martins Fontes, 1989.

______. *A natureza humana*. Tradução de D. L. Bobomoletz. Rio de Janeiro: Imago, 1990.

A REALIDADE NA NEUROSE, NA PERVERSÃO E NA PSICOSE:

UMA LEITURA DE FREUD[1]

Sérgio de Gouvêa Franco

Nenhum humano do sexo masculino é poupado do susto da castração à vista do órgão genital feminino. A resposta que o menino dá a este susto difere muito, embora não se sabia bem por quê. A forma como se lida com este complexo de castração vai determinar a posição sexual e a estrutura psíquica do sujeito, neurótica, perversa ou psicótica. O modo como lida com esta falta na mulher é modelo para o modo como lida com outros elementos da realidade.

INTRODUÇÃO

Nas últimas duas décadas de sua vida, Freud tratou de estabelecer uma nosografia psíquica com base no modo como a realidade é tratada na neurose, na perversão e na psicose. Nessas três formas de padecimento psíquico, há um estilo próprio de lidar ou, mais precisamente, de se afastar da realidade. Aqui, tentaremos abordar como Freud pensou esse afastamento mais ou menos radical da realidade nas três psicopatologias que considerava fundamentais.

Freud se preocupa com o conceito de realidade desde seus primeiros escritos. O conceito sofre uma evolução importante ao longo de sua obra. O presente trabalho procura inicialmente estabelecer a evolução do conceito, utilizando como base o livro

---

1 Este capítulo foi originalmente publicado em forma de artigo no seguinte periódico: *Pulsional Revista de Psicanálise*, ano XII, n. 121, maio 1999.

Da interpretação: ensaio sobre Freud (1977), do francês Paul Ricoeur. Uma vez estabelecida a trajetória do conceito de realidade, a mencionada nosografia freudiana é estudada em cinco textos, a saber: *Neurose e psicose* (1924 [1923]), *A perda da realidade na neurose e psicose* (1924), *Fetichismo* (1927), *Divisão do ego no processo de defesa* (1940 [1938]) e um artigo de *Esboço de psicanálise* (1938) - *O aparelho psíquico e o mundo externo*.

Em *A interpretação dos sonhos* (1900), Freud deixa claro que as fantasias podem tomar o lugar da realidade. À medida que se aprofunda nas estruturas inconscientes, ele percebe que o inconsciente não reconhece a realidade. No último capítulo desse livro fundamental, ele abordará uma *realidade psíquica* em oposição a uma *realidade externa* ou *material*. A consciência ligada à realidade externa é relativizada no modelo freudiano e a realidade psíquica ligada ao inconsciente ganha espaço. Os desejos e os mecanismos inconscientes são valorizados. Surgem assim dois campos de verdade para Freud: a verdade da realidade externa, acessível pela consciência, e a verdade psíquica própria do inconsciente.

Poder-se-ia dizer que um dos grandes temas da obra freudiana seria exatamente esclarecer o relacionamento entre esses dois campos: o mundo psíquico e a realidade externa. Na neurose, na perversão e na psicose há formas diversas desse relacionamento se estabelecer, como veremos adiante: a realidade psíquica se sobrepõe mais ou menos intensamente à realidade externa. Ainda que o tema do conceito de realidade possa suscitar importantes discussões filosóficas, o propósito do trabalho permanece no campo do escrito freudiano. A questão filosófica é só marginalmente tocada, e outros autores, pouco mencionados. O que se pretende, sobretudo, é compreender o pensamento de Freud.

Evolução do conceito de realidade na teoria freudiana

Não se deve pensar que o conceito de realidade em Freud seja fácil. Trata-se de um conceito complexo que vai mudando à medida que a teoria avança. Ao menos três momentos do desenvolvimento da teoria devem ser considerados quando se fala no conceito freudiano de realidade. O primeiro momento opõe a realidade ao processo primário. O segundo trabalha a noção de realidade à luz das escolhas de objeto. Por fim, a realidade é vista à luz do trabalho econômico do ego.

A realidade e o processo primário

O primeiro enfoque que Freud faz da realidade é clínico em "Formulações sobre os dois princípios do funcionamento mental", de 1911. A realidade é aquilo a que o neurótico voltou as costas porque lhe é insuportável. É importante constatar que a realidade aqui é insuportável, mas não constitui nenhum problema epistemológico. Ela é considerada conhecida e conhecível, apenas rejeitada por sua dureza. Movido pelo princípio do prazer, o neurótico se afasta da realidade. O princípio do prazer tem então um caráter alucinatório. Para que a realidade seja atingida, é preciso se distanciar desse processo primário e se aproximar do processo secundário.

A oposição entre princípio de prazer e princípio de realidade não é absoluta. O princípio de realidade não é verdadeiramente oposto ao princípio do prazer: trata-se apenas de a satisfação ser atingida por um caminho mais longo. O desprazer é uma forte medida educativa e dá ao próprio princípio da realidade um sentido hedonista, revelando sua condição de um prolongamento do princípio do prazer. Se o princípio de realidade tem relação com o processo secundário, então todo o psiquismo o obedece, uma vez que escapa à alienação. É bom lembrar também que a mente humana nunca é regida inteiramente por um desses dois princípios, com a exclusão total do outro. Mais ainda: é certo que o princípio do prazer não pode reger totalmente a mente humana, porque as pulsões internas sempre rompem o equilíbrio e tornam impossível a descarga integral das tensões. Além disso, a vivência da satisfação põe inelutavelmente em jogo o outro, a relação objetal, a realidade.

Contudo, em *A interpretação dos sonhos* (1900), Freud já mostrava por que o princípio de prazer é insuperável[2]. O movimento do aparelho psíquico pode ser tanto progressivo, na direção da realidade, como regressivo, procurando restaurar a satisfação alucinatória do desejo. O princípio do prazer continua mostrando seu poder na fantasia, nos sintomas neuróticos, nos sonhos noturnos e diurnos.

Então, diante da indestrutividade do princípio do prazer, a concepção do princípio de realidade não pode se esgotar em aproximá-lo do processo secundário. O

---

2 Em *Além do Princípio do Prazer* (1920), Freud vai problematizar esta questão.

princípio de realidade é, sobretudo, uma direção de funcionamento da mente humana. E a análise há sempre de mostrar quão difícil é esse caminho, quão custoso é sair do curto-circuito do desejo e da alucinação. Para Freud, só o pensamento aplicado ao trabalho científico pode se aproximar da realidade.

No ensaio *O inconsciente* (1915), o princípio de realidade é colocado como correlato da consciência. O princípio do prazer/desprazer aparece ao lado da ausência de contradição, da mobilidade dos investimentos e da ausência da relação com o tempo. Inversamente, o princípio de realidade é posto do lado da negação, da contradição e da relação temporal. Em *Suplemento metapsicológico à teoria dos sonhos* (1917 [1915]), Freud admite que no princípio do prazer há uma abolição da função discriminante do juízo de percepção. A função discriminante à qual ele se refere se associa à consciência: o teste de realidade é solidário ao sistema consciente. É graças ao sistema consciente que a invasão libidinal é barrada.

Princípio de realidade e escolha de objeto

A concepção anterior de realidade é enriquecida pelo estudo dos investimentos libidinais em oposição aos investimentos do ego - pulsão sexual *versus* pulsão egoica. O que Freud diz é que o domínio da libido é por excelência aquele no qual a passagem para o regime do princípio da realidade é difícil. O autoerotismo permite que a pulsão libidinal não se confronte com a frustração. Desse modo, a sexualidade passa a ser a sede do arcaísmo, fonte constante de fantasias.

Aqui, o ponto central é a questão da escolha de objetos, como aparece em *Três ensaios sobre a teoria da sexualidade* (1905). A pulsão tem um fim determinado, mas objetos variáveis. É esse devaneio originário do desejo que torna durável o reinado do princípio do prazer. Visto da perspectiva dos estádios libidinais, o princípio de realidade coincide com a instalação do estádio genital. Para seguirmos Freud fielmente, é preciso dizer mais, é necessário corresponder à subordinação do amor objetal à procriação. "Assim, a realidade reside na relação com o outro, não somente com um outro corpo como fonte exterior de prazer, mas com um outro desejo e finalmente com o destino da espécie", resume Ricoeur (1977, p. 226-227).

A contribuição importante é que essa conquista da organização mais complexa é difícil e precária, não por um problema de organização, mas devido à própria estrutura da psique humana.

Assim, o caminho da realidade é pontilhado por objetos perdidos. Cada novo objeto de amor é de fato um reencontro com os objetos perdidos na infância. Assim é que há uma determinação que empurra para a escolha de objetos à imagem do próprio corpo (escolha narcísica) ou do ser que cuidou do corpo (escolha anaclítica). Mas à luz do complexo de Édipo, os objetos não são apenas perdidos, eles são também proibidos e recusados. Isso é mais que incidental, é constitucional: o desejo da criança pela mãe/pelo pai é impossível de ser concretizado.

Outra distinção que ajuda é entre o ego de prazer, que tem no prazer seu maior motivo, e o ego de realidade, que busca o útil. O valor corretivo do útil torna-se manifesto a partir do momento em que se percebe que o desejo é fonte infinita de fantasias e ilusões. "O desejo mitifica", assevera Ricoeur (1977, p. 228). O princípio de realidade é o desejo desmistificado. O princípio de realidade, auxiliado pela noção de útil, converte o desejo à finitude.

Ricoeur sintetiza a relação entre princípio de realidade e escolha objetal:

> O princípio de realidade triunfa, pois, apenas quando o adulto é capaz de renunciar não só aos objetos arcaicos perdidos, de tipo narcísico ou anaclítico, não só aos objetos proibidos, de tipo incestuoso, mas aos objetos míticos, pelos quais o desejo busca a satisfação no modo substituído da compensação ou da consolação (Ricoeur, 1977, p. 229).

O princípio de realidade e a tarefa econômica do ego

Pelo que dissemos até aqui, parece certo que o princípio de realidade está intimamente relacionado ao ego. Ego e realidade andam juntos. O ego é como um representante interno do mundo exterior. Assim, não é exagero dizer que todas as tarefas econômicas do ego têm a ver com o princípio de realidade. Dois momentos da teoria merecem aqui especial atenção: a introdução do narcisismo e a passagem à segunda tópica. Com esses passos teóricos, Freud aprofundou a relação entre ego e realidade.

Quanto ao narcisismo, é claro que ele tem estreita relação com a realidade, ou com a perda de contato com a realidade. A atenção a si significa a desatenção ao outro, desatenção ao mundo externo. Mas não vale a pena ver o narcisismo de modo inteiramente negativo. É graças a ele, por exemplo, que é possível a sublimação. De qualquer forma, o narcisismo é um empecilho para apreendermos o mundo como ele é. Como "a verdade é sempre humilhação para o nosso narcisismo", afirma Ricoeur (1977, p. 230), o narcisismo se interpõe entre nós e a realidade.

O ego tem a ver com a realidade, já dissemos. O ego participa da ordem temporal. É ele quem faz o teste da realidade, inibe a alucinação do desejo e regula os movimentos. Tudo isso aproxima o ego da realidade. Mas ego e realidade, embora se aproximem, também se opõem. "A realidade é o que faz face a um ego forte", escreve Ricoeur (1977, p. 230). O ego é forte não tanto porque seja onipotente, mas por sua capacidade de conciliação entre as instâncias internas e a realidade. O ego desenvolve uma certa prudência que atenua o idealismo e as pretensões do superego. O superego é implacável em seus ataques contra o ego. Espera muito do homem e esconde em suas exigências uma motivação narcísica: não desiste de fazer crer que esse ego é melhor que outrem.

O ESTILO DE AFASTAMENTO DA REALIDADE COMO ÍNDICE NOSOGRÁFICO

Concluindo o passeio pela teoria freudiana, com este pano de fundo da evolução do conceito de realidade, passemos à nosografia deste texto. A neurose, a perversão e a psicose têm estilos diferentes de lidar e de se afastar da realidade. Acompanhemos agora o raciocínio de Freud nos textos que lidam com esses estilos de afastamento da realidade. Neles, vemos que Freud ora aproxima as três patologias fundamentais, ora as afasta. Todos esses textos estão no período final de sua obra, mais precisamente nas últimas duas décadas, quando a segunda tópica está sendo ou já foi formulada e a noção de pulsão de morte já foi introduzida.

Neurose e psicose (1924 [1923])

O propósito deste artigo é estabelecer uma diferença genética básica entre neurose e psicose, tendo como ponto de partida a segunda tópica consolidada em *O ego e o id*, de 1923. A fórmula usada por Freud, ainda que uma generalização simplista, serve como uma primeira aproximação ao tema: "A neurose é o resultado de um conflito entre o ego e o id, ao passo que a psicose é o desfecho análogo de um distúrbio semelhante nas relações entre o ego e o mundo externo" (Freud, 1923, p. 167).

Na neurose, o ego se recusa a aceitar um poderoso impulso do id ou se recusa a dar espaço para que essa pulsão encontre o objeto que visa. O ego defende-se da pulsão pelo mecanismo da repressão. O material reprimido luta contra esse destino, cria uma representação substitutiva por um processo a que o ego não tem acesso. A representação se impõe ao ego mediante uma conciliação, que é o sintoma. O ego sente-se ameaçado pelo sintoma e luta contra ele. Na verdade, quando o ego reprime a pulsão que vem do id está seguindo ordens do superego, ordens que, por sua vez, se originam de influências do mundo externo e encontram representação no superego. Portanto, o ego tomou partido das forças da repressão contra o id. "O ego entrou em conflito com o id, a serviço do superego e da realidade", explica Freud (1923, p. 168).

Na psicose, o mundo exterior não é percebido de modo algum ou a percepção dele não tem qualquer efeito. Na neurose, o mundo externo governa o ego de duas maneiras: primeiro, por meio das percepções atuais e presentes e, segundo, pelo armazenamento de lembranças de percepções anteriores (parte do ego). Na psicose, não há apenas uma recusa de novas percepções como a representação do mundo externo no mundo interno fica enfraquecida pela retirada de investimento. O ego cria um novo mundo externo e sua representação interna. O novo mundo é construído de acordo com os impulsos desejosos do id. Aparentemente, essa "dissociação" do mundo externo é resultado de uma enorme frustração de um desejo diante da realidade.

Freud aproxima neurose e psicose: ambas surgem da frustração de um desejo infantil que nunca é vencido e o qual está profundamente enraizado em nossa organização filogeneticamente determinada. Essa frustração é, em última análise, externa. Se o ego permanece fiel ao mundo externo e tenta silenciar o id, temos a neurose. Se ele se deixar derrotar pelo id e for arrancado da realidade, estamos diante da psicose.

Uma complicação nesse esquema simples é a existência do superego, porque nele se unem influências originárias tanto do id quanto do mundo externo. Freud também pergunta: será que não há uma patologia em que o conflito se estabelece entre o ego e o superego? A melancolia é essa patologia citada por Freud. A formulação fica assim:

- a neurose de transferência é um conflito entre o ego e o id;
- a neurose narcísica - que no artigo significa melancolia - é um conflito entre o ego e o superego; e
- a psicose é um conflito entre o ego e a realidade.

Tal concepção de patologia procura localizar no ego o problema, reflete um mal funcionamento do ego, que se vê em dificuldades para reconciliar todas as várias exigências que lhe são feitas. Será possível perguntar em que condições o ego pode emergir de tais conflitos sem cair enfermo? Claramente, estamos diante de um problema econômico, ou seja, diante da questão da intensidade das forças relativas que se opõem. Freud chama a atenção também para o fato de que o ego pode sofrer danos em sua unidade para sobreviver aos conflitos. Antecipa aqui a questão da cisão do ego que nos artigos que analisamos adiante vamos tratar. A dissociação é uma forma de resolver o conflito, alternativa à repressão.

A perda da realidade na neurose e psicose (1924)

Este artigo vem corrigir e aprofundar o artigo tratado na sessão anterior. Freud sabe que em todas as neuroses há uma perturbação da relação do sujeito com a realidade. Assim como na psicose, há um afastamento da realidade também na neurose, chegando a ocorrer "uma fuga da realidade" (Freud, 1924, p. 205) nos casos mais graves. Trata-se, portanto, de uma contradição com o artigo *Neurose e psicose* (1924 [1923]). A contradição - ensina Freud - é apenas aparente. No começo da neurose, o ego se põe a serviço da realidade e se dispõe a uma repressão de um impulso pulsional. Mas na evolução da doença, há um afrouxamento da relação com a realidade, que afeta exatamente aquele fragmento da realidade, cujas exigências resultarão na repressão pulsional.

Na verdade, a neurose deve ser pensada como o resultado de uma repressão fracassada, ou seja, a neurose é o retorno do recalcado. Para tomar um exemplo das histórias das histerias que analisou no início de seu trabalho, Freud lembra o caso de Elisabeth de R. Ela está enamorada do cunhado. Quando sua irmã está no leito de morte, ela pensa: "[...] agora ele está livre e pode se casar comigo". Essa cena foi imediatamente esquecida e a neurose começou a se formar. Na evolução da doença, esse material reprimido acabou produzindo uma desvalorização da morte da irmã, isto é, uma perda da realidade de sua morte. Claro que, se estivéssemos diante de uma psicose, teríamos uma rejeição ou uma recusa da morte da irmã; nesta neurose temos apenas uma diminuição do investimento dessa realidade.

De modo análogo, mas invertido, trabalha a psicose. Na primeira etapa da formação da doença, o ego se afastaria da realidade atendendo aos impulsos do id. Mas em seguida haveria uma tentativa de reparar o dano causado na relação com a realidade. Para sermos mais precisos, teríamos de admitir que na psicose há uma recomposição da realidade perdida de um modo autocrático, pela *criação* de uma realidade que faça sofrer menos. O ponto em que as duas formas de patologia se alinham é que em ambas há uma forma de rebeldia diante da realidade e uma adesão ao poder do id. O ego recusa-se a se adaptar à realidade e a suas exigências.

Podemos recompor a fórmula expressa no artigo anterior dizendo que na neurose um fragmento da realidade é evitado após uma obediência inicial e básica. Na psicose, há uma fuga inicial que é sucedida por uma fase de remodelamento da realidade. "A neurose não repudia a realidade, apenas a ignora; a psicose a repudia e tenta substituí-la" (Freud, 1924 [1923], p. 207).

Nesse ponto, Freud introduz uma das raras descrições em sua obra acerca do que é normalidade. Em um momento muito criativo, define saúde como uma combinação das respostas da neurose e da psicose diante da realidade:

> Chamamos um comportamento de "normal" ou "sadio" se ele combina certas características de ambas as reações: se repudia a realidade tão pouco quanto uma neurose, mas se depois se esforça, como faz uma psicose, por efetuar uma alteração desta realidade. Naturalmente, esse comportamento conveniente e normal conduz à

> realidade do trabalho no mundo externo; ele não se detém como na psicose, em efetuar mudanças internas (Freud, 1924 [1923], p. 207).

Na psicose, a transformação da realidade é executada sobre os precipitados psíquicos de antigas relações com ela - sobre traços de memória, ideias e julgamentos anteriormente derivados da realidade. Mas as percepções continuam sempre chegando e a psicose se vê diante da responsabilidade de transformá-las por meio da alucinação e do delírio. Esse processo é acompanhado de forte angústia, porque há forças intensas no aparelho psíquico que se opõem a essa recusa da realidade. Assim como na neurose há uma reapresentação de instintos reprimidos gerando ansiedade, na psicose há uma reapresentação do elemento excluído gerando angústia. Com isso, Freud está apresentando uma nova coincidência nas duas patologias: nenhuma delas é completamente bem-sucedida: o instinto reprimido não é capaz de conseguir um substituto completo na neurose e a realidade não pode ser remodelada de forma inteiramente satisfatória pela psicose.

Freud diz que na psicose a recusa inicial da realidade só pode levar à doença. Na neurose, a doença tem relação com o fracasso da repressão. Mas a repressão em si pode levar a um grande consumo de energia e conduzir também à doença. Então Freud está afirmando que a doença tem relação com a recusa da realidade, mas também tem a ver com a recusa dos impulsos do id. A saúde, segundo o pensamento e a experiência freudianos, tem a ver com um manejo mais criativo e transformador tanto da realidade quanto da estrutura interna da psique.

Freud encerra o artigo mostrando como a separação entre as duas formas de patologia deve ser vista de uma forma ainda mais complexa. Ele afirma que na neurose também há uma substituição, ainda que mais branda, da realidade; há uma tentativa de substituir a realidade desagradável por outra mais próxima dos desejos do indivíduo, usando para isso o mundo da fantasia. Esse mundo da fantasia tem uma ligação frouxa com o ego e fica separado do princípio de realidade. Então, podemos dizer que também na neurose, ainda que de modo mais brando, há não apenas um afastamento da realidade como uma substituição da realidade pela fantasia, como ocorre na psicose, com o delírio.

Fetichismo (1927)

Durante sua vida, Freud analisou vários homens que se valiam de fetiches, os quais ocupavam lugar importante em sua vida sexual. Eles foram para a análise não por causa dos fetiches, já que aparentemente este não causa sofrimento. Embora Freud não faça a descrição detalhada da emergência desses fetiches, admite que todos têm o mesmo significado: "[...] o fetiche é um substituto para o pênis da mulher ou mais especificamente da mãe em que o menininho outrora acreditou e que – por razões que nos são familiares – não deseja abandonar" (Freud, 1927, p. 207).

Nesse caso, o menino se recusou a tomar conhecimento do fato de ter percebido que a mulher não tem pênis. O medo de perder o pênis e o narcisismo impedem o menino de aceitar a ideia de que a mulher não tem o pênis. O que parece que ocorre no fetichismo é que há uma rejeição de uma percepção (de que a mulher não tem pênis). A criança que gera um adulto perverso retém e abandona ao mesmo tempo a crença de que as mulheres têm um falo.

> No conflito entre o peso da percepção desagradável e a força de seu contradesejo, chegou-se a um compromisso, tal como só é possível sob o domínio das leis inconscientes do pensamento – os processos primários (Freud, 1927, p. 156-157).

Desse modo, preserva-se a ideia de que a mulher teve mesmo um pênis inicialmente. No caso do fetichismo, esse pênis é substituído por um objeto valorizado. Então, esse objeto passa a ser uma proteção e uma vitória contra o terror da castração. Além disso, o fetichismo é uma forma de livrar-se do homossexualismo, pois dota as mulheres de algo muito valorizado com equivalência fálica. O fetichista recusa-se a aceitar a vagina como tal e mantém esse objeto como fálico.

Nenhum ser humano do sexo masculino é poupado do susto da castração à vista do órgão genital feminino. A resposta que o menino dá a esse susto difere muito, embora não se sabia bem por quê. A forma como se lida com esse complexo de castração determinará a posição sexual e a estrutura psíquica do sujeito: neurótica, perversa ou psicótica. A forma com que lida com essa falta na mulher é modelo para o modo com que lida com outros elementos da realidade.

Uma sugestão curiosa que Freud oferece sobre a escolha do objeto de fetiche é que ele estaria ligado à última impressão anterior à visão traumática da não existência do pênis na mulher. O pé seria um objeto fetichista comum porque a criança espiaria os órgãos genitais femininos a partir de baixo, das pernas para cima. Peles estariam ligadas à visão dos pelos púbicos. As peças íntimas tornam-se fetiche porque seriam a cristalização da visão do último momento antes de se despir, quando a mulher ainda pode ser imaginada com pênis.

O elemento teórico que precisa ser destacado, e que neste artigo é apresentado com clareza, é a noção de divisão do ego no fetichismo, que permite a este ego acatar e rejeitar a realidade da castração. Em alguns casos especiais, tanto a rejeição quanto a afirmação da castração encontram caminho na construção do próprio fetiche. No fim do artigo, Freud assevera que essa dissociação do ego é característica não apenas da perversão mas também da psicose e até da neurose.

A divisão do ego no processo de defesa (1940 [1938])

Neste texto, Freud procura mostrar o mecanismo de cisão do ego por meio de um relato clínico. Na situação infantil, sempre há o conflito entre o atendimento a uma exigência pulsional e a proibição por parte da realidade. No caso clínico específico, a criança não toma nenhuma das possíveis soluções como caminho: não renuncia ao desejo (neurose), nem rejeita a realidade para manter a satisfação (psicose). A criança toma ambos os caminhos simultaneamente. Por um lado, com o auxílio de certos mecanismos, rejeita a realidade e recusa-se a aceitar qualquer proibição. Por outro, reconhece o perigo da realidade, assume o medo desse perigo como um sintoma patológico e subsequentemente tenta desfazer-se do medo. Essa solução representa um certo sucesso diante do conflito, mas provoca, como consequência, uma fenda no ego. Freud está diante de um acontecimento que chama de *splitting* do ego, com uma falha definitiva na função sintética do ego.

Freud descreve o caso de um menino que tinha contato aos 3 anos com uma menina e sua genitália. Depois do relacionamento ter sido interrompido, ele começou a masturbar-se. Por isso, é ameaçado (de castração) por sua babá, para que pare com a masturbação. Como ele já tem o conhecimento de que uma menina não tem pênis, ele tem de lidar com a possibilidade de perder o seu. Mas o menino não se deixou intimidar pela babá, como os meninos normalmente se deixariam, e não parou a masturbação. O menino cria um pênis substitutivo - um fetiche para as mulheres. Ele rejeita a realidade para proteger seu pênis e seu prazer masturbatório. A ameaça da castração fica mitigada. Esse afastamento da realidade não é psicótico - ele não alucinou um pênis, ele apenas o deslocou para um objeto de fetiche. Mas, ao mesmo tempo, o menino que continuou se masturbando desenvolveu uma grande angústia diante do pai. Esse medo diante do pai certamente referia-se ao medo de castração. Nele, permanecia a recusa e a aceitação da castração.

O aparelho psíquico e o mundo externo (1938)

O artigo nada mais é que o capítulo VIII de *Esboço de psicanálise* (1938). Freud começa seu texto apresentando importantes elementos de sua concepção de ciência e realidade. Os primeiros parágrafos mereceriam uma análise filosófica mais acurada; o que talvez se torne uma tarefa para outro trabalho. Freud apresenta-se como um realista, ou seja, ele crê que a realidade existe independentemente do observador humano. Mas ele é um realista crítico, não ingênuo. A essa altura de sua obra, reconhece a dificuldade de se chegar à realidade e às perturbações provocadas pelo olhar humano sobre esta. Procura seguir em seu trabalho o modelo de ciência usualmente embutido nas ciências chamadas duras. Ele compara a psicanálise à física. A realidade pode ser difícil de ser atingida, a percepção engana e deve ser criticada, mas a experiência e a disciplina racional podem produzir um conhecimento real do real com pretensões à universalidade e à independência do observador.

A afirmação inaugural do artigo é que não é possível fazer uma demarcação clara entre o que é normal e anormal: apesar da importância, essa demarcação tem valor convencional. Exatamente por isso é possível compreender o normal, estudando o patológico. Não há elementos novos na patologia que não estejam presentes na normalidade. O sonho é o exemplo paradigmático de um distúrbio mental que está na vida psíquica normal e que é finalmente inofensivo e extremamente útil. A análise do sonho mostra todos os paralelismos deste com as patologias graves.

Freud pensa a psicanálise em comparação com a física. É preciso afastar-se de uma visão ingênua dos fatos, daquilo que se apresenta diretamente à percepção, para chegar mais perto do real. O simples estudo da consciência não indicaria o funcionamento dos sonhos. Sua compreensão vai além da consciência. Freud não pensa que se possa atingir a realidade como tal; há uma deficiência do próprio aparelho cognitivo humano (Kant): "[...] a realidade sempre permanecerá sendo 'incognoscível'" (Freud, 1938, p. 210). Mas Freud continua sendo um realista bastante otimista:

> [...] as ligações e relações dependentes que estão presentes no mundo externo [...] podem de alguma maneira ser fidedignamente reproduzidas ou refletidas no mundo interno de nosso pensamento, um conhecimento das quais nos capacita a "compreender" algo no mundo externo, provê-lo e possivelmente alterá-lo (Freud, 1938, p. 210).

É importante ter isso em mente, porque essa concepção de ciência norteia o trabalho de Freud. Ele apela à noção de inconsciente como uma realidade "invisível" para poder manter a racionalidade do aparelho psíquico. Apesar de todo esse realismo, ele não é ingênuo. Reconhece as dificuldades: "[...] não se pode negar que com frequência é extremamente difícil chegar a uma decisão - fato que encontra expressão na falta de concordância entre analistas" (Freud, 1938, p. 211).

Isso não pode ser atribuído exclusivamente a questões de má técnica, mas tem relação com a dificuldade do observador que está envolvido na observação:

> [...] não ficaremos muito surpresos se uma analista que não ficou suficientemente convencida da intensidade de seu próprio desejo de um pênis venha a fracassar também em dar uma importância correta a este fator em suas pacientes (Freud, 1938, p. 211).

Assim, Freud crê que há um mundo externo, que ele chama realidade, que é difícil de conhecer (como o mundo interno é difícil de se conhecer também), mas que a ciência pode, por aproximações sucessivas, conhecer.

Na segunda parte do artigo, o autor faz um resumo dos modos de lidar com a realidade em cada patologia. E faz uma síntese do que a segunda tópica trouxe de luz para a questão. O ego administra o princípio da realidade, da mesma maneira que o id é voltado inteiramente ao prazer. O ego é governado por razões de segurança, de autoconservação, que o id questiona. A ação do id pode distorcer a percepção da realidade e o ego é obrigado a promover o "teste da realidade", que é uma verificação constante das percepções contra dados objetivos. Esse teste só é desligado no caso dos sonhos. O ego é constantemente ameaçado pela realidade e pelo id.

Quando a criança faz uma escolha pela realidade em detrimento das demandas instintuais (reprimindo-as), seu ego frágil se põe em uma tarefa pesada demais para si e ficam lançadas as bases para a neurose. Esse desvio da satisfação direta pode ter gerado em nossa cultura a valorização de objetos, à custa da sexualidade e por meio da restrição das forças motivadoras sexuais.

No entanto, na psicose, o ego não consegue se distinguir adequadamente do id, implicando uma cessação ou um afrouxamento das relações com o mundo externo. A clínica mostra que a irrupção de uma psicose tem a ver com a realidade tornar-se insuportável ou os instintos terem-se tornado extraordinariamente intensificados. A questão se complica porque esse desligamento da realidade não pode se dar completamente. Freud admite que haja um *split* psíquico. Duas atitudes psíquicas formam-se em vez de uma só. Uma delas leva em conta a realidade e a outra, sob a influência do id, desliga o ego da realidade.

Conclusão

Acompanhamos o esforço de Freud para construir sua nosografia. A repressão é o mecanismo que opera na neurose. Há um acolhimento inicial da realidade, particularmente a realidade de que as mulheres e a mãe não têm pênis, enviando para o inconsciente essas ideias (repressão). Contudo, esclarece Freud, na evolução da doença há um enfraquecimento da ligação com o fragmento da realidade que produziu a repressão do impulso instintual. Na neurose, também há um afrouxamento da ligação com a realidade da vagina. Esse modo de funcionamento com relação ao complexo de castração se transforma em modelo de operação e resposta a outros fragmentos da realidade que produzem dor e sofrimento no sujeito. Além desse afrouxamento da realidade na neurose, em casos mais graves há uma fuga e até uma substituição parcial da realidade pelo mundo das fantasias.

Para a perversão e a psicose, Freud fala do mecanismo da dissociação, do *splitting* do ego. Na dissociação do ego, dois modos diversos de reagir à realidade se processam em partes diferentes do ego, que permanecem separadas. Na perversão, há a percepção da ausência do pênis nas mulheres, mas essa percepção é negada. Em duas partes diferentes e estanques do ego, as respostas diferentes são mantidas: em uma fica a percepção da castração, em outra, a negação dessa percepção. A consequência é que entra em falência a função de síntese do ego. Nos artigos estudados, Freud explora amplamente o fetiche, que é um objeto que permite manter essa condição dúbia em relação à mulher. O fetiche ao mesmo tempo destrona a ideia de um pênis na mulher e sustenta essa ideia, deslocando-a para um objeto fálico.

Na psicose, por sua vez, há uma recusa inicial da realidade ou de um fragmento da realidade. O psicótico (ou futuro psicótico) adere às demandas do id, destronando a realidade e não promovendo uma boa discriminação entre ego e id. Na emergência da psicose, há uma regressão do ego, um retorno à sua origem pulsional no id, uma perigosa aproximação dessas duas instâncias. Contudo, a realidade volta pelo constante fluxo de percepções, o que exige um grande esforço do psicótico para manter sua falsa teoria sobre a realidade. É só à custa de alucinações e delírios que ele pode substituir essas percepções e ir recompondo uma realidade protética. O psicótico chega a alucinar a presença de um pênis onde ele não está. Embora Freud fale também de dissociação na psicose, o que ele assevera é que a parte do ego em contato com a realidade está completamente fragilizada ou simplesmente não existe. Em outras palavras, o psicótico não tem o registro da ausência do pênis nas mulheres e na mãe.

Podemos dizer então que Freud constrói uma nosografia partindo do modo como a criança responde à realidade da castração. Diante do susto de ver a mãe, as mulheres em geral, sem pênis, o menino se aterroriza preocupado com seu próprio órgão. Freud é honesto em reconhecer que não se sabe bem por que respostas tão diferentes podem ser dadas a esse susto e essa frustração iniciais. Reconhece que se abre um leque de possibilidades que vão desde uma solução que ele aproxima da normalidade até a dolorosa solução da psicose, passando pelas várias formas de neurose e perversão. O modo como se responde à questão da castração passa a ser um paradigma do funcionamento mental e do modo como o sujeito se relaciona com a realidade. Se ele se afasta da realidade da ausência do pênis nas mulheres, se afasta também de modo semelhante de outros fragmentos da realidade que produzem dor.

É muito interessante ver como Freud, ao contrário, por exemplo, de Jacques Lacan posteriormente, não procura tornar rígida as divisões nosográficas. Ora aproxima, ora afasta, mostrando que mecanismos paralelos ou semelhantes operam de modo diverso no funcionamento mental. Nas três patologias, há um sofrimento inicial diante da descoberta da mulher como um ser diferente do homem. Nas três, há um esforço para se afastar de modo mais ou menos intenso da dura verdade. As diferenças manifestam-se no modo como esse afastamento se dá: mais ou menos radical.

Freud termina seu artigo "Neurose e psicose" perguntando pelo mecanismo de desligamento da realidade na psicose. Mais tarde, chamará esse mecanismo de *rejeição (Verleugnung)* - que representa uma retirada de investimentos egoicos da realidade. Mas ele nunca chegou a tornar bem precisa a linguagem que descreve os três mecanismos de defesa na neurose, na perversão e na psicose, como Lacan fez. De qualquer forma, a precisão teórica que Lacan obtém partindo de recursos mais sofisticados tem uma clara base nas descobertas e nas formulações freudianas enunciadas nos artigos estudados aqui.

Encerramos este capítulo chamando atenção para onde aponta Freud quando quer pensar a saúde psíquica, ou seja, quando quer pensar o melhor da possibilidade humana. O melhor é ao mesmo tempo aceitar e rejeitar a realidade, acolhê-la e transformá-la, mais precisamente acolhê-la para transformá-la. Trabalha contra uma fuga da realidade como na psicose. Mas trabalha também contra uma fuga para a realidade, em uma neurose que se recusa a retribuir todo e qualquer impulso erótico[3]. Freud não quer reduzir seus pacientes a simples vassalos da realidade, Sanchos Panças (de Cervantes) que perdem toda transcendência, que emburrecem e se empobrecem crendo que o que é deve ser. Tampouco ensina o caminho de Dom Quixote que, em sua briga com o real, alucina inimigos em moinhos de vento.

---

3 A oposição "fuga da realidade" e "fuga para a realidade" aparece em COELHO JR., N. E. *A força da realidade na clínica freudiana*, tese de doutoramento não publicada. São Paulo: PUC, 1994.

Para o pensamento freudiano trata-se de aceitar a realidade como está dada sem qualquer fatalismo nostálgico, aceitar para operar uma transformação nela. Não a transformação apenas retórica, um remodelamento idealista próprio da psicose. Trata-se de remodelar a realidade mesma, com toda sua dureza e concretude, para que possa ficar mais parecida com o desejo. Trata-se de engajamento real, em que os dois polos se transformam - sujeito e realidade. A realidade transforma-se pelo esforço, pelo trabalho. Com trabalho também se transforma o aparelho psíquico pelo autoconhecimento, pelo levantamento do recalcamento e pela renúncia, ao invés de pela repressão de pulsões ou clivagem. É essa interação dura da personalidade toda com a realidade toda, essa dança em que um e outro dão sua contribuição. A realidade conforma-se parcialmente ao desejo. O sujeito conforma-se parcialmente à realidade. E assim segue a dança da vida e seus projetos.

Referências

COELHO JR., N. E. *A força da realidade na clínica freudiana*. Tese (Doutorado) - não publicada. Pontifícia Universidade Católica - PUC, São Paulo, 1994.

FÉDIDA, P. *Clínica psicanalítica: estudos*. Tradução de C. Berliner, M. P. Silva e R. Steffen. São Paulo: Escuta, 1988.

FRANCO, S. G. *Hermenêutica e psicanálise na obra de Paul Ricoeur*. São Paulo: Loyola, 1995. (Coleção Filosofia, n. 35).

FREUD, S. (1900) *A interpretação dos sonhos. Edição standard brasileira das obras psicológicas completas de Sigmund Freud*. Rio de Janeiro: Imago, 1996. v. IV.

__________. (1905) *Três Ensaios sobre a teoria da sexualidade. Edição standard brasileira das obras psicológicas completas de Sigmund Freud*. Rio de Janeiro: Imago, 1996. v. VII.

__________. (1911) *Formulações sobre os dois princípios do funcionamento mental. Edição standard brasileira das obras psicológicas completas de Sigmund Freud.* Rio de Janeiro: Imago, 1996. v. XII.

__________. (1915) *O inconsciente. Edição standard brasileira das obras psicológicas completas de Sigmund Freud*. Rio de Janeiro: Imago, 1996. v. XIV.

__________. (1917 [1915]) *Suplemento metapsicológico à teoria dos sonhos. Edição standard brasileira das obras psicológicas completas de Sigmund Freud.* Rio de Janeiro: Imago, 1996. v. XIV.

__________. (1920) *Além do princípio do prazer. Edição standard brasileira das obras psicológicas completas de Sigmund Freud.* Rio de Janeiro: Imago, 1996. v. XVIII.

__________. (1923) *O Ego e o id. Edição standard brasileira das obras psicológicas completas de Sigmund Freud*. Rio de Janeiro: Imago, 1996. v. XIX.

__________. (1924 [1923]) *Neurose e psicose. Edição standard brasileira das obras psicológicas completas de Sigmund Freud*. Rio de Janeiro: Imago, 1996. v. XIX.

__________. (1924) *A perda da realidade na neurose e psicose. Edição standard brasileira das obras psicológicas completas de Sigmund Freud*. Rio de Janeiro: Imago, 1996. v. IXX.

__________. (1927) *Fetichismo. Edição standard brasileira das obras psicológicas completas de Sigmund Freud.* Rio de Janeiro: Imago, 1996. v. XXI.

__________. (1938) *Esboço de psicanálise. Edição standard brasileira das obras psicológicas completas de Sigmund Freud.* Rio de Janeiro: Imago, 1996. v. XXIII.

__________. (1940 [1938]) *A divisão do ego no processo de defesa. Edição standard brasileira das obras psicológicas completas de Sigmund Freud.* Rio de Janeiro: Imago, 1996. v. XXIII.

GALENDE, E. *Historia y repeticion: temporalidad subjetiva y actual modernidad.* Buenos Aires: Paidós, 1992.

GURFINKEL, D. *A teoria das pulsões em Freud e a questão da toxicomania*. Tese (Mestrado). Universidade de São Paulo - USP, São Paulo, 1992.

______. "A realidade psíquica, o sonho, a sessão". *Percurso – Revista de Psicanálise,* São Paulo, ano II, n. 4, 1990.

______. "O cartel e o cordão". *Percurso – Revista de Psicanálise,* São Paulo, n. 17, 1996.

LAPLANCHE, J.; PONTALIS, J. B. *Vocabulário de psicanálise.* São Paulo: Martins Fontes, 1997.

RICOEUR, P. *Da interpretação: ensaio sobre Freud.* Tradução de Hilton Japiassu. Rio de Janeiro: Imago, 1977. (Série Logoteca).

A TRANSFERÊNCIA NA HISTERIA:

UM ESTUDO NO CASO DORA DE FREUD[1]

Sérgio de Gouvêa Franco

Se eu te amo, cuide-se.
(Joel Birman, 1997)

INTRODUÇÃO

Freud atendeu essa moça de apenas 18 anos, conhecida pelo pseudônimo de Dora, por apenas três meses: entre outubro e dezembro de 1900[2]. No início de 1901, ele escreveu sobre o caso, enquanto escrevia também *Sobre a psicopatologia da vida cotidiana*. O livro sobre a psicopatologia do cotidiano saiu em 1901. Mas o caso Dora só foi publicado em 1905, com o título *Fragmento da análise de um caso de histeria*[3]. Tudo indica que a demora na publicação ocorreu para proteger a privacidade da paciente. O título original do livro era *Sonhos e histeria, fragmento de uma análise*. O título abandonado aponta para o lugar central que a interpretação dos dois sonhos do caso ocupa no tratamento. De fato, Freud pensou o livro como uma continuação de seu fundamental *A interpretação dos sonhos* (1900). Ele quer mostrar como os achados do livro sobre os sonhos podem ser aplicados na cura da neurose. O livro sobre Dora pode ser visto não apenas como uma continuação de

1 Este capítulo foi originalmente publicado em forma de artigo no seguinte periódico: *Pulsional Revista de Psicanálise*, ano XIII, n. 132, abr. 2000.

2 Os biógrafos de Freud confirmam que o atendimento de Dora se deu em 1900, ainda que ele tenha se enganado mais de uma vez imaginando que o ano tivesse sido 1899.

3 *Bruchstück einer Hysterie-Analyse* em alemão.

A interpretação dos sonhos, mas como uma ponte entre este e *Três ensaios sobre a teoria da sexualidade* (1905). Muitos conceitos sobre a teoria da sexualidade apresentados em *Três ensaios*... já aparecem no caso Dora: a noção de que a neurose é o reverso da perversão é um bom exemplo disso.

Escrevendo para Fliess em 1901, Freud refere-se ao caso Dora[4] como "a coisa mais sutil que já escrevi" (Freud, 1905 [1901], p. 15). Ele parece estar impressionado com a complexidade que estava aparecendo em sua clínica: descobre "a estrutura mais fina da neurose" (Freud, 1905 [1901], p. 23). Um dos objetivos explícitos do livro é exatamente "demonstrar a estrutura íntima da doença neurótica" (Freud, 1905 [1901], p. 24). Além de mostrar o fino tecido das identificações múltiplas na histeria, o caso fez Freud aprofundar conceitos de sua teoria da sexualidade e da transferência. Ele já sabia havia muito tempo a etiologia psicossexual da neurose, mas ainda não tinha reconhecido plenamente a "importância da corrente homossexual nos psiconeuróticos" (Freud, 1905 [1901], p. 114, nota 2). A falta desse reconhecimento implicou um manejo deficiente da transferência que levou, como o próprio Freud reconhece, ao término prematuro da análise. Escrevendo para Fliess em 1901, depois do encerramento da análise, ele fala sobre a importância na histeria do conflito "desempenhado pela oposição entre uma atração pelos homens e outra pelas mulheres" (Freud, 1905 [1901], p. 16). Essa ambivalência de identificações masculina e feminina na histeria, que ele descobriu em Dora, provocou profundamente o pensamento de Freud. Muito tempo depois do término do tratamento, ele ainda continua pensando sobre os temas ali envolvidos[5]. Este capítulo objetiva iluminar a questão da transferência na histeria com base no estudo do caso Dora[6].

---

4 Dora é um dos cinco grandes casos clínicos publicados por Freud, ao lado de Pequeno Hans, Schreber, Homem dos Ratos e Homem dos Lobos.

5 A prova disso é que Freud faz acréscimos e notas a seu livro sobre Dora em 1923, mais de vinte anos depois de seu atendimento, especialmente na última seção intitulada *Posfácio*.

6 O trabalho pressupõe o conhecimento da complexa trama analisada por Freud. A descrição detalhada do caso foi evitada por poder tornar-se enfadonha ou artificial pela exclusão do movimento interno do atendimento. Serge André tem um resumo do memorial em um parágrafo em seu livro *O que quer uma mulher?* (1987, p. 146).

A DUALIDADE TRANSFERENCIAL

Jacques Lacan, em seu artigo "Intervenção sobre a transferência", discute a questão da transferência no caso Dora. Afirma que "a experiência psicanalítica [...] se desenrola inteiramente nessa relação sujeito a sujeito" (Lacan, 1978, p. 88). A fala do paciente constitui-se na presença do analista. Assim, não é possível pensar o paciente como um objeto, como uma *coisa* com características a serem examinadas por um cientista devidamente distanciado. A psicanálise permanece como uma relação em que um sujeito está diante de outro sujeito. Paciente e analista relacionam-se e mutuamente influenciam-se. Trata-se de um diálogo, de uma dialética, diz Lacan: "A *psicanálise é uma experiência dialética*, e essa noção deve prevalecer quando se coloca a questão da natureza da transferência" (Lacan, 1978, p. 88).

É no caso Dora que Freud reconhece claramente que o analista participa da transferência e não só o paciente (Lacan, 1978, p. 90). É com essa experiência que fica claro para ele que sua escuta de Dora determina, ao menos em parte, o que ela dirá. Suas atitudes e interpretações podem abrir ou fechar a possibilidade do avanço da análise. Freud ainda não tinha tanta experiência clínica; é com este caso que percebe o fenômeno dual da transferência. Ele reconhece "as severas exigências que a histeria faz ao médico e ao investigador". Percebe que tais exigências "só podem ser satisfeitas pelo mais dedicado aprofundamento, e não por uma atitude de superioridade e desprezo". Por fim, cita Goethe: "Nem só a arte e a ciência / No trabalho há que mostrar paciência" (Freud, 1905 [1901], p. 26-27). Ele percebe que está implicado no processo. É com humildade e paciência que o analista descobre em que lugar está colocado pelo paciente ou em que lugar se coloca inconscientemente.

Até este caso, Freud estava acostumado a pensar a resistência do lado do paciente. O analista sempre trabalha para levantar a resistência, acreditava ele. Depois de Dora, percebe que a resistência também pode estar do lado do analista. Ele já sabia que uma relação de confiança era necessária para vencer os "sentimentos de timidez e vergonha" (Freud, 1905 [1901], p. 28) do paciente para que ele pudesse dizer tudo o que tem na consciência. Freud também sabia que a interpretação do analista era necessária para trazer à tona o material inconsciente e recompor as lacunas de memória. Mas ele pensava, até aqui, que o analista sempre ajudava a análise. A essa época, no entanto, percebe que o analista pode atrapalhar. A técnica fica menos diretiva: "[...] agora deixo que o paciente determine o tema do trabalho cotidiano" (Freud, 1905 [1901], p. 23). Dora tornou-se tão fundamental para Freud porque foi com ela que ele percebeu pela primeira vez que a análise não avançou por uma limitação do próprio analista, no caso, ele mesmo - Freud.

Reviravoltas dialéticas

No artigo citado de Lacan, o autor francês diz ser possível pensar o caso Dora por uma série de reviravoltas dialéticas. A interpretação do analista produziria essas reviravoltas no relato do paciente. Dora conta que a Sra. K. e seu pai são amantes há muitos anos e dissimulam o relacionamento com ficções que beiram o ridículo. O terrível, anuncia Dora, é que desse modo ela fica sujeita às insinuações do Sr. K. Seu pai fecha os olhos para evitar chamar atenção sobre seu próprio relacionamento com a Sra. K. Dora seria uma espécie de moeda de troca que compra o silêncio do Sr. K.:

> Quando ficava com ânimo mais exasperado, impunha-se a ela a concepção de ter sido entregue ao Sr. K. como prêmio pela tolerância dele para com as relações entre sua mulher e o pai de Dora; e por trás da ternura desta pelo pai podia-se pressentir sua fúria por ser usada dessa maneira (Freud, 1905 [1901], p. 42).

A primeira reviravolta na fala da paciente se dá quando Freud questiona essa postura de Dora de simples vítima. Não só pelo silêncio, mas pela cumplicidade direta, Dora sustentara a relação dos amantes. Nas palavras de Freud:

> [Dora] tornara-se cúmplice desse relacionamento e repudiara todos os sinais que pudessem mostrar sua verdadeira natureza... Durante todos os anos anteriores ela fizera o possível para favorecer as relações do pai com a Sra. K. Nunca ia vê-la quando suspeitava que seu pai estivesse lá. Sabia que, neste caso, as crianças seriam afastadas e rumava pelo caminho em que estava certa de encontrá-las, indo passear com elas (Freud, 1905 [1901], p. 43-44).

Então, Dora sustentava a trama dos relacionamentos que permitia os galanteios do Sr. K. Ela não é vítima, pelo contrário; desfruta da atenção e dos presentes do Sr. K.

Admitido esse passo de verdade, é preciso perguntar: por que subitamente Dora teria manifestado esse ciúme diante da relação amorosa do pai? A segunda reviravolta dialética se avizinha. Não é apenas o ciúme do pai que move Dora. Não há dúvida de que ela se liga amorosamente ao pai e ao Sr. K., seu substituto psíquico. Mas o que põe em marcha a ação de Dora exigindo o fim do relacionamento do pai com a Sra. K. é a ligação que tem com a Sra. K.: "Dora continuava ternamente ligada à Sra. K. e não queria saber de nenhum motivo que fizesse as relações do pai com ela parecerem indecentes, explica Freud (1905 [1901], p. 44). Havia entre elas uma relação de intimidade: Dora ouvia as confidências da Sra. K. Sabia o estado das relações da Sra. K. com o marido. Dora se identificava também com a Sra. K. no amor por seu pai.

> Quando Dora falava sobra a Sra. K., costumava elogiar seu "adorável corpo alvo" num tom mais apropriado a um amante do que a uma rival derrotada... Na verdade, devo dizer que nunca ouvi dela uma só palavra áspera ou irada sobre essa mulher, embora, do ponto de vista de seus pensamentos hipervalentes, devesse ver nela a principal causadora de suas desventuras (Freud, 1905 [1901], p. 65).

O fato que desencadeia a ação de Dora, que deixa a moça furiosa, é a descoberta de que a atenção da Sra. K. por ela não era assim tão grande. De fato, a Sra. K. traíra o segredo de Dora em nome da preservação do relacionamento com o pai de Dora. A Sra. K. conta ao marido que Dora lê livros sobre temas sexuais (Mantegazza). O Sr. K. defende-se diante do pai de Dora sobre sua insinuação a Dora, dizendo que alguém que lê livros assim pode muito bem fantasiar o episódio de assédio.

> A Sra. K também não a amava [Dora] por ela mesma, e sim por causa do pai. Ela a havia sacrificado sem um momento de hesitação para que seu relacionamento com o pai de Dora não fosse perturbado. Essa ofensa talvez a tenha tocado mais de perto e tido maior efeito

> patogênico... Creio não estar errado, portanto, em supor que a sequência hipervalente de pensamentos de Dora [...] destinava-se não apenas a suprimir seu amor pelo Sr. K., que antes fora consciente, mas também a ocultar o amor pela Sra. K. (Freud, 1905 [1901], p. 66).

O que move Dora é o ciúme da Sra. K. Quando não se vê amada por ela, Dora ameaça suicídio e exige que o pai encerre o relacionamento com sua amante.

A reviravolta dialética que ficou faltando

O que Lacan procura mostrar em seu ensaio é que ficou faltando nesse tratamento de Dora uma terceira e última reviravolta dialética, que Freud não pôde fazer: "[...] aquela que nos mostraria o valor real do objeto que é a Sra. K., para Dora" (Lacan, 1978, p. 93). A Sra. K. transformou-se para Dora no mistério de sua própria feminilidade, mais especificamente no mistério de sua feminilidade corporal.

Lacan chega aqui ao que considera o cerne da questão. O problema para toda mulher "[...] é no fundo o de se aceitar como objeto do desejo do homem" (Lacan, 1978, p. 95). É por essa razão que a Sra. K. se torna o mistério da feminilidade para Dora, ou seja, Dora precisaria da Sra. K. para poder reconhecer sua própria feminilidade. Como Dora não pode se aceitar como objeto de desejo, ela precisa da Sra. K. para sustentar essa posição. Se Freud, em uma terceira reviravolta, tivesse podido orientar Dora para o reconhecimento do que significava a Sra. K. para ela, um mundo de novas informações sobre o relacionamento das duas poderia ter aparecido. Freud explica que não pôde apreciar a tempo o laço homossexual que unia Dora à Sra. K.:

> Quanto mais me vou afastando no tempo do término dessa análise, mais provável me parece que meu erro técnico tenha consistido na seguinte omissão: deixei de descobrir a tempo e de comunicar à doente que a moção amorosa homossexual (ginecofílica) pela Sra. K. era a mais forte das correntes inconscientes de sua vida anímica. Eu deveria ter conjecturado que nenhuma outra pessoa poderia ser a fonte

> principal dos conhecimentos de Dora sobre coisas sexuais senão a Sra. K., a mesma pessoa que depois a acusara por seu interesse nesses assuntos... Antes de reconhecer a importância da corrente homossexual nos psiconeuróticos, fiquei muitas vezes atrapalhado ou completamente desnorteado no tratamento de certos casos (Freud, 1905 [1901], p. 114, nota 2).

Lacan assevera que tal dificuldade em reconhecer a tendência homossexual entre os histéricos se deve a um preconceito de Freud. Ele sente simpatia pelo Sr. K. e atração por Dora. Por ter se colocado "[...] um pouco demasiadamente no lugar do Sr. K." (Lacan, 1978, p. 96), ficou impedido de ver a atração de Dora pela Sra. K. e de interpretá-la. Por esse motivo narcísico contratransferencial, Freud se volta ao amor que o Sr. K. inspiraria em Dora. O que Dora nem sempre confirma.

Lacan pergunta ainda nesse seu artigo o que de fato aconteceu na cena do lago que colocou Dora doente e carente de ajuda. A resposta está no próprio texto. O Sr. K. teve apenas tempo de dizer algumas palavras: "Sabe, não tenho nada com minha mulher" (Freud, 1905 [1901], p. 97). Como resposta a essas palavras, Dora lhe dá uma bofetada. Desse modo, se rompe o feitiço de Dora em relação ao Sr. K. Se ele não se interessa por sua mulher, então Dora também não se interessa pelo Sr. K. O interesse de Dora pelo Sr. K. só se sustenta uma vez que ele está ligado à Sra. K. No momento que ela percebe que não há ligação real entre ele e sua mulher, o triângulo se desfaz.

A transferência de Freud

Lacan declara em outro artigo que Freud tentou modelar o ego de Dora[7]. Ele achava que Dora deveria se apaixonar por um homem. A transferência negativa de Dora (que a levou a interromper o tratamento) deve ser entendida então como uma resposta (raivosa) às dificuldades impostas ao tratamento pelo próprio Freud. Devido a seu preconceito, Freud não pôde ver a ligação de Dora com a Sra. K. Talvez mais do que isso, seja necessário dizer que o que escapou à compreensão

7 Em "Os escritos técnicos de Freud", Seminário I, conforme Serge Cottet (1984, p. 41).

de Freud foram as identificações masculinas de Dora. O preço a pagar por essa falta de percepção foi o término abrupto da análise.

Se Freud tinha uma transferência com Dora que toldou sua percepção, esta transferência deve ser analisada. Dora está identificada a um personagem masculino, o Sr. K., de maneira que ela pode facilmente se identificar com Freud. Freud percebeu o deslocamento pai de Dora/Sr. K./o analista Freud, mas imaginou que as figuras masculinas eram objeto de amor e não de identificação. A identificação viril de Dora, cuja matriz infantil pode ter sido sua identificação com o irmão mais velho, não teve uma apreensão mais completa por parte de Freud.

Podemos relacionar o discurso histérico de Dora ao desejo de Freud, como quer Serge Cottet (1984, p. 43ss). A transferência de Dora modula-se pelo desejo freudiano de convencê-la a uma relação heterossexual. A essa altura da teoria, Freud não faz uma distinção clara entre objeto de amor e objeto de identificação. Então, a ligação que vê entre Dora e o Sr. K. reduz ao amor. Mas a ligação com o Sr. K. é também e antes de tudo identificatória. Dora aproxima-se do Sr. K. para entender como um homem deseja uma mulher. O erro de Freud foi não perceber esse lugar que o Sr. K. ocupava para Dora e, transferencialmente, o lugar identificatório que ele próprio ocupava para Dora.

A afonia de Dora evidencia claramente o lugar que o Sr. K. ocupa em seu imaginário. Em sua ausência, conta Freud, o sintoma piora. O poder da pulsão oral aumenta quando Dora está só com a Sra. K. Sua afonia tipifica o sexo oral com a amante de seu pai, mostrando como está identificada com o Sr. K. Tal identificação histérica com o Sr. K. permite a Dora ficar em um lugar onde pode desejar a Sra. K.

A resistência aqui então é de Freud e não de Dora. Quando ele insiste em interpretar um amor de Dora pelo Sr. K., estamos diante da resistência do analista e não do paciente. Quando ele se coloca na posição de dono da verdade, impede que Dora se dê conta de seu desejo pela Sra. K. A resistência é falsamente imputada a Dora, quando na verdade a resistência é de Freud. O efeito dessa resistência de Freud em Dora foi despertar a raiva e a agressividade de Dora contra Freud, raiva que ela já sentia contra o seu pai e contra o Sr. K., generalizando-a agora a todos os homens. "Freud pode favorecer esta 'agressividade' de Dora em relação aos homens não vendo os fundamentos verdadeiros de sua relação com o homem, que é uma identificação imaginária que estrutura a relação narcísica", afirma Serge Cottet (1984, p. 46).

Querendo colocar Dora em um bom caminho, Freud estimulou seu desejo de vingança contra todos os homens - uma consequência de sua alienação narcísica, a saber, sua identificação com o Sr. K. e com Freud. Então, Dora vinga-se de Freud rompendo o tratamento do mesmo modo como se vingou do Sr. K. e de seu pai.

A MULHER COMO UM MAIS ALÉM

A compreensão de que Freud teria introduzido um elemento resistencial na análise de Dora poderia eventualmente nos levar à conclusão de que Dora estivesse estabelecendo um vínculo estritamente homossexual com a Sra. K. Parece que foi esse ponto de vista que Freud valorizou quando escreveu sobre o caso Dora após o seu término[8]. Os desdobramentos posteriores do pensamento do próprio Freud, no entanto, apontam para outra direção. O que parece estar em jogo efetivamente são os complexos mecanismos de identificação histéricos que vacilam entre uma bipolaridade sexual. Dora, por um lado, se identifica com o Sr. K. (identificação masculina), com seu pai e com Freud para poder desejar a Sra. K. Por outro, também se identifica com a Sra. K. (identificação feminina), desejando ser amada pelo Sr. K. e por seu pai à maneira pela qual a Sra. K. é amada por seu pai. Essa complexidade identificatória só encontrará alguma tematização em Freud em seus artigos no fim da vida, especialmente os artigos sobre a feminilidade[9]. Freud então se aperceberá da profunda assimetria do Édipo feminino e se dará conta de que tanto o menino como a menina têm como primeiro objeto de amor a mãe. O chamado Édipo completo não está desenvolvido à época de Dora.

Serge André mostra-nos em seu livro *O que quer uma mulher?* (1987) que no Seminário *Mais, ainda* Lacan fala da mulher como um mais além do desejo masculino. Nesse seminário, a feminilidade é vista além da condição de desejada pelo sexo masculino. Trata-se de um acréscimo de Lacan, que não descarta o anteriormente dito sobre Dora e a feminilidade. Sem esse desenvolvimento, Lacan também

---

8 Conferir a última seção do caso, entitulada de *posfácio*.

9 *Dissolução do Complexo de Édipo* (1924), *Algumas consequências psíquicas da distinção anatômica entre os sexos* (1925), e a *Conferência 33 sobre Feminilidade* (1933) em *Novas conferências introdutórias sobre a psicanálise* (1933 [1932]), entre outros.

caracteriza a ligação de Dora com a Sra. K. como homossexual. Quando, recomenda André, o melhor seria falar em "[...] uma homossexuação do desejo de Dora, homossexuação ligada aos desvios das identificações pelas quais ela deve passar para interrogar sua própria feminilidade" (André, 1987, p. 150). A histérica se colocaria no lugar masculino para apreciar o valor que a mulher recebe do desejo masculino. Dora não forma um par sexual com a Sra. K., pelo contrário. Tendo demarcado a posição da Sra. K. do ponto de vista do homem, Dora conclui que gostaria de ser amada por um homem como a Sra. K. é amada por seu pai.

O que à luz de *Mais, ainda* se pode dizer é que, para Dora, a Sra. K. é objeto do amor de seu pai *para além dela própria*, isto é, como suplemento de feminilidade da qual ela mesma se sente em falta. Isso também vale em relação ao Sr. K.; Dora pode aceitar seus galanteios desde que permaneça um "mais além" da Sra. K. Nesse sentido, o processo todo denunciará não tanto a homossexualidade de Dora, mas sobretudo o lugar supervalorizado que a Sra. K. ocupa para Dora como encarnação da feminilidade.

Reaplicando então a questão transferencial, o que Dora está fazendo é colocar a questão de feminilidade em sua análise com Freud. A pergunta sobre a mulher é feita nessa relação analítica. Dora procura em Freud a resposta para essa questão. Dora demanda dele o sentido de seu corpo e de sua alma de mulher. Mas, como nenhum saber pode dar conta dessa indagação, as respostas de Freud são insuficientes... Freud aponta para a questão da maternidade, uma resposta boa mas parcial, que faz Dora interromper a análise. Mais tarde, Freud reconhecerá o limite do conhecimento psicanalítico sobre a mulher:

> Isto é tudo o que tinha a dizer-lhes a respeito da feminilidade. Certamente está incompleto e fragmentário... Se vocês quiserem saber mais a respeito da feminilidade, recorram a suas próprias experiências, ou dirijam-se aos poetas ou aguardem até que a ciência possa dar-lhes uma informação mais profunda e mais coerente (Freud, 1933 [1932]).

Conclusão

A histérica está em busca do amor. A seu médico apresenta sua demanda, não raro apresenta sua demanda com intensidade e dramaticidade. Uma intensidade de demanda que com frequência põe o analista em situação desconfortável. Uma intensidade de demanda que mobiliza resistências no analista. Como Freud no caso Dora, o analista pode ser enredado por essa demanda histérica. Como Freud, o analista pode se tornar a principal resistência ao avanço da análise. Como defesa à demanda de Dora, Freud usa seu saber para conter essa demanda. Mas diz Lucien Israel "[...] todo o saber sobre o outro corre o risco de ser redutor para o outro" (Israel, 1994, p. 149).

A histérica expõe sua questão na análise: como posso ser uma mulher? Se o analista tem paciência, se não se assusta nem atende à demanda, a pergunta pode se tornar: o que há em mim que pode agradar aos homens? A histérica demanda e oferece amor ao analista perguntando por sua feminilidade. Ao analista cabe não acolher nem rejeitar esse amor. Cabe a ele escutar esse amor e interpretá-lo, para que a histérica descubra o que há em si mesma nessa oferta de amor. Cabe ao analista possibilitar à paciente que continue em análise, produzir a revolução dialética que dissolve a resistência de que fala Lacan. Nas palavras de Manoel Berlinck:

> Seria levado a dizer, então, que o ato do psicanalista [*acting*] é menos uma ação e mais a falta de ação que deixa de reatualizar no sujeito o decentramento da posição propriamente psicanalítica que relança o sujeito em sua própria análise (Berlinck, 1997, p. 43).

Quando o analista pode suportar seguir a histérica até esse ponto... Quando aceita ficar no lugar de não dar resposta alguma à demanda, quando luta para desmontar suas próprias resistências, quando suporta o descontentamento histérico que exige sem cessar do analista[10], pode-se manter aberto o espaço analítico que permite a cada histérica pensar o que significa para ela ser mulher.

10 Conferir a seção "Um eu insatisfeito", em Nasio (1991, p. 15-16).

Referências

ALONSO, S. *Notas: seminário sobre histeria*. São Paulo: Instituto Sedes Sapientiae de São Paulo, 1999.

ANDRÉ, S. *O que quer uma mulher?* Tradução de D. D. Estrada. Rio de Janeiro: Zahar, 1987.

BERLINCK, M. T. (Org.). *Histeria*. Tradução de M. Seincman. São Paulo: Escuta, 1997. (Biblioteca de Psicopatologia Fundamental).

BIRMAN, J. "Se Eu Te Amo, Cuide-se: Sobre a feminilidade, a mulher e o erotismo nos anos 80". In: BERLINCK, M. T. (Org.). *Histeria*. Tradução de M. Seincman. São Paulo: Escuta, 1997. (Biblioteca de Psicopatologia Fundamental).

COTTET, S. *Freud y el Deseo del Psicoanalista*. Tradução de C. A. de Santos. Buenos Aires: Hacia el Tercer Encuentro del Campo Freudiano, 1984.

ETCHEGOYEN, R. H. *Fundamentos da técnica psicanalítica*. Tradução de C. G. Fernandes. Porto Alegre: Artes Médicas, 1989.

FENICHEL, O. *Teoria psicanalítica das neuroses*. Tradução de S. P. Reis. São Paulo: Atheneu, [s.d.].

FREUD, S. (1900) *A interpretação dos sonhos. Edição standard brasileira das obras psicológicas completas de Sigmund Freud.* Rio de Janeiro: Imago, 1996. v. IV.

__________. (1901) *Sobre a psicopatologia da vida cotidiana. Edição standard brasileira das obras psicológicas completas de Sigmund Freud.* Rio de Janeiro: Imago, 1996. v. VI.

__________. (1905 [1901]) *Fragmento da análise de um caso de histeria. Edição standard brasileira das obras psicológicas completas de Sigmund Freud.* Rio de Janeiro: Imago, 1996. v. VII.

__________. (1905) *Três ensaios sobre a teoria da sexualidade. Edição standard brasileira das obras psicológicas completas de Sigmund Freud.* Rio de Janeiro: Imago, 1996. v. VII.

__________. (1924) *Dissolução do Complexo de Édipo. Edição standard brasileira das obras psicológicas completas de Sigmund Freud.* Rio de Janeiro: Imago, 1996. v. XIX.

__________. (1925) *Algumas consequências psíquicas da distinção anatômica entre os sexos. Edição standard brasileira das obras psicológicas completas de Sigmund Freud.* Rio de Janeiro: Imago, 1996. v. XIX.

__________. (1933 [1932]) *Novas conferências introdutórias sobre psicanálise. Edição standard brasileira das obras psicológicas completas de Sigmund Freud.* Rio de Janeiro: Imago, 1996. v. XXII.

ISRAEL, L. *Mancar não é pecado.* Tradução de L. Arantangy e A. M. Leandro. São Paulo: Escuta, 1994.

LACAN, J. *Escritos.* Tradução de I. Oseki-Depré. Coleção Debates, n. 132. São Paulo: Perspectiva, 1978.

MCDOUGALL, J. *As múltiplas faces de Eros. Uma exploração psicanalítica da sexualidade humana.* Tradução de P. H. B. Rondon. São Paulo: Martins Fontes, 1977.

NASIO, J. D. *A histeria: teoria e clínica psicanalítica.* Tradução de V. Ribeiro. Rio de Janeiro: Zahar, 1991.

NOBRE, L. "Da histeria ao feminino. Uma passagem em análise". *Pulsional – Revista de Psicanálise*, São Paulo, ano XII, n. 126, out. 1999.

Uma leitura de *Recordar, repetir e elaborar*

Sérgio de Gouvêa Franco

> *Você permaneceu no estado de ser deixado.*
> *Eu fiz um filme a partir de sua ausência.*
> *(Marguerite Duras)*[1]

Introdução

Erinnern, Wiederholen und Durcharbeiten, de 1914, que alternativamente à tradução da *Edição standard brasileira* (1969) reproduzida no título deste capítulo, pode seguir Laplanche e Pontalis: *Recordar, repetir e perlaborar* (1997, p. 84). Tradução que se aproxima do alemão e deixa o termo *elaboração* para outras palavras empregadas por Freud: *bearbeiten* ou *verarbeiten* (Laplanche; Pontalis, 1997, p. 339). Na verdade, no primeiro aparecimento do artigo em fins de 1914, o título era: *Weitere Ratschläge zur Technik der Psychoanalyse II: Erinnern, Wiederholen und Durcharbeiten*, que a *Standard brasileira* traduz como: "Novas recomendações sobre a técnica da psicanálise II: Recordar, repetir e elaborar". A partir de 1924, as edições alemãs passaram a adotar o título mais curto.

O artigo não é apenas importante por seu conteúdo técnico ou por estar nele a primeira ocorrência de expressões tão importantes como *compulsão à repetição* e *elaboração*[2]. Trata-se de uma síntese importante do que está para trás: é na

---

1 Trecho traduzido por Sérgio de Gouvêa Franco, originalmente citado por Heidi Gilpin no artigo "Lifelessness in movement, or how do the dead move? Tracing displacement and disappearance for movement performance". In: FOSTER, Susan Leigh. *Dancing knowledge, culture and power*. London: Routledge, 1996.

2 Continuarei usando *elaboração* para seguir a *Edição standard brasileira,* que serve de base para este trabalho, embora considere justa a proposta do neologismo de Laplanche e Pontalis.

transferência que o conflito recalcado se atualiza, na relação com o analista. Trata do retorno do incompreendido[3], da repetição que não encontra descanso enquanto não é lembrada e elaborada. O texto abre espaço para questões que em *Além do princípio do prazer*, de 1920, concretizam um outro tratamento para o tema da repetição em vinculação com o conceito de pulsão de morte.

De um ponto de vista filosófico, o artigo pode levantar perguntas intrigantes: como o ser humano - ser do tempo e da passagem do tempo -, se vê às voltas com o material intemporal do inconsciente que se apresenta e se apresenta repetitivamente? O texto de Freud sugere que possamos falar da vida como novidade e como repetição; como sucessão de um mesmo slide ou como a passagem de slides diferentes. Para apresentar imediatamente a expressão de Emiliano Galende que usaremos adiante: a vida pode ser pensada como *história e repetição* (Galende, 1992).

O que este texto se propõe primeiro é uma leitura cuidada do texto de Freud.

> O que me proponho primeiro é uma leitura cuidada dos seus textos, uma leitura rigorosa. Trato de me submeter ao texto como ele é em sua singularidade. Busco escutar o que está sendo dito... Estudar sem preconceitos um texto significa uma abertura para o texto como um *outro* meu, como um meu diferente, como um texto que pode dizer algo que não sei, algo que não conheço e até algo que me incomode, provoque e desconcerte. Ou, por outras palavras, ler o texto com objetividade significa superar, ou buscar superar o narcisismo que me impede de enxergá-lo como é, como texto que mantém certa independência de mim (Franco, 1995, p. 21).

Isso não significa de modo nenhum que eu esteja ausente da leitura:

> O texto tem certa objetividade, mas é certo que ele está sendo lido *por mim*. O texto abre um mundo de indagações, inquietações e

---

3 A expressão é do próprio Freud: "[...] o que permaneceu incompreendido retorna; como uma alma penada, não tem repouso até que seja encontrada solução e alívio" (Citado por Laplanche; Pontalis, 1997, p. 84).

> respostas *para mim*. E mais: após ter lido o texto, ou mesmo enquanto leio o texto, busco encontrar nele o que diz respeito a minha condição humana e pessoal e também o que diz respeito a minha realidade social. Assim, não há texto sem leitura. Leitura marcada pela biografia e tradições do leitor, leitura marcada pelos enviesamentos próprios da cultura (Franco, 1995, p. 21-22).

Nesse segundo sentido, o trabalho é uma resposta atual ao texto de 1914 de Freud.

Fases da técnica psicanalítica

O texto de Freud começa resenhando três fases da técnica psicanalítica, que de fato representam três momentos do desenvolvimento da teoria (em Freud, a técnica sempre mantém um estreito relacionamento com a teoria). Essa abertura é mais importante do que se poderia supor inicialmente: é o pano de fundo sobre o qual o autor escreve seu artigo.

A *primeira fase* é a da catarse de Breuer. A questão clínica é focar o momento do aparecimento do sintoma, reproduzir os pensamentos e sentimentos do paciente e assim produzir a descarga. Em resumo: recordar e descarregar, usando a hipnose. A *segunda fase* substitui a hipnose pela associação livre, como instrumento para entrar em contato com o não recordado. A resistência é tematizada e passa a ser interpretada. O momento do surgimento do sintoma permanece valorizado, mas a descarga é substituída pelo trabalho associativo. Na *terceira fase*, não há momento ou problemas específicos a serem procurados. O esforço analítico começa no que está presente. A interpretação volta-se para a resistência, que, quando superada, possibilita ao paciente ligar sentidos ao material esquecido.

O texto de Sílvia Alonso, "Tempo e história no processo psicanalítico", anotado por Rúbia Delorenzo, procura mostrar que em disciplinas como a história, a tarefa biográfica e as ciências duras foi necessário superar uma visão ingênua dos objetos de estudo, dos acontecimentos, do seu relato e estudo. Isso também é verdade para a psicanálise:

> Lidar com termos como a verdade e a verossimilhança, encontrar as fronteiras entre a história e a ficção, distinguir a linha divisória entre o fatual e o mítico, ou encontrar as formas sinuosas em que se tece a relação entre a fantasia e a realidade não é tarefa fácil para os historiadores, os biógrafos e tampouco para os cientistas. Seria ela fácil para nós, os psicanalístas? (Alonso, 1996, p. 2).

O que esse texto sugere ou mostra é que essas fases na técnica psicanalítica correspondem a determinados momentos na evolução do pensamento epistemológico de Freud. No início, ele sai em busca de algo esquecido, mas que está lá intacto. Trata-se de uma arqueologia, em que a verdade histórica precisa ser desenterrada. Nesse quadro inicial, o relatado pelo paciente tem status de realidade. Mas, mesmo nesse início, a causação não é linear e mecânica. Miriam Chnaiderman diz:

> Em Freud, o que antecede jamais determina de forma puramente mecânica o que vem depois. Em vários de seus relatos clínicos, Freud demonstra que certos acontecimentos podem inscrever-se de maneira relativamente difusa em alguma parte, sem adquirir todo o seu sentido e até mesmo sem ter qualquer sentido para o sujeito. Apenas posteriormente adquiririam sentido, esclarecendo retrospectivamente o passado. Há uma inversão no tempo e é quase impossível pensar em termos de causa e efeito. Este conceito já é claramente exposto por Freud em 1895, no *Projeto de uma psicologia para neurólogos*, no relato do caso de Ema (Chnaiderman, 1989, p. 14).

Aos poucos vai se tornando claro, com a concorrência da teoria das duas cenas, do *aprés-coup*, elaborada desde muito cedo, que o traumático não está em um lugar determinado, mas na trama das cenas. A questão da ressignificação posterior adquire importância. O próprio relato do paciente é visto com uma construção psíquica. É relato pleno de sentido, mas é construído. Mais: esse relato só é possível de ser dito e articulado na relação com o analista. A visão do trabalho clínico vai se ampliando, de modo a incluir plenamente a subjetividade tanto do paciente quanto do analista. Um quadro de referência teórico mais sofisticado se estabelece.

As fases na técnica freudiana não são totalmente excludentes e não contemporâneas. Representam certa disputa de modelos de compreensão, mas a solução encontrada por Freud é tal que o modelo posterior sempre incorpora elementos ou a totalidade do modelo anterior. A ênfase no fato traumático é superada mas, de certa forma, incorporada na ênfase na cena traumática; depois, o mesmo processo ocorre na ênfase na trama das cenas e, por fim, na circulação entre as cenas. O que há é uma complexificação da teoria para dar conta do que se está experimentando na clínica. As fases iniciais da técnica não devem ser desvalorizadas, porque foram muito úteis para estudar problemas localizados. A hipnose, por exemplo, permitiu enxergar de modo vivo como é a passagem de processos inconscientes para a consciência.

O esquecimento como um ato psíquico

Em uma longa nota na edição original que se transformou em material do corpo principal em edições posteriores, Freud explica que o esquecimento é um ato psíquico. Esquecer quase sempre é interceptar; interceptar um material que não deve vir à consciência. O esquecimento, portanto, é resultado da repressão. O importante é compreender aqui que essas lacunas de memória, mesmo permanecendo fora da consciência, mantêm sua eficácia produzindo sintomas. O objetivo da técnica é preencher essas lacunas da memória, superando as resistências provocadas pela repressão.

O esquecimento é, assim, um elemento importante da neurose. Na neurose obsessiva, por exemplo, se esquece o vínculo do pensamento com o que lhe é essencial. O esquecimento atinge, em particular, o material infantil. Um curioso mecanismo estudado por Freud é o das *lembranças encobridoras*. Certas memórias infantis nítidas e insignificantes têm a função de *encobrir* experiências marcantes e fantasias inconscientes. Cabe à interpretação trazer à tona o que está velado, recorrendo aos traços do material esquecido sempre presentes nas lembranças encobridoras. Não apenas o material que já esteve na consciência e foi recalcado é "trabalhado" quando emerge na consciência. Há processos psíquicos muito antigos que nunca estiveram conscientes e só podem ser compreendidos e interpretados posteriormente; estes também são objeto de uma "edição" psíquica no processo de recordação.

Sílvia Alonso, no texto citado, afirma que Freud chega a sugerir que as lembranças encobridoras podem ser um fenômeno de tal importância que nos "auxilia[m] a entender o próprio funcionamento psíquico e a dinâmica do trabalho clínico" (Alonso, 1996, p. 6). Ela conclui:

> As fantasias - portadoras de desejos - se projetam, formando a lembrança, o que absolutamente não significa uma negação da autenticidade da cena infantil. As marcas mnêmicas de uma cena infantil servem de apoio às fantasias, que por sua vez se utilizam dela para uma alusão metafórica... Aqui [Freud] irá mais uma vez conceber a lembrança como algo construído e sobre o qual propõe-se a realizar justamente um trabalho de desconstrução.

A atuação como presentificação do passado, como repetição e como resistência

No quadro muito mais complexo da técnica de 1914, o que se deve dizer é que o paciente não passa do esquecimento à recordação como na hipnose. O analista deve saber que desde o início do tratamento o paciente expressa o que esqueceu e reprimiu por meio de sua ação. Ele não pode se lembrar, mas reproduz o material inconsciente por meio de uma *atuação*. Nas palavras de Freud: "Ele [paciente] o reproduz não como lembrança, mas como ação; repete-o, sem, naturalmente, saber que o está repetindo" (Alonso, 1996, p. 5-6).

A palavra *atuação* é a tradução de um termo introduzido por Freud de origem latina: *agieren*[4]. O termo aparece em oposição à *recordação*. O passado retorna pela lembrança *ou* pela atuação. Trata-se da atualização na transferência de pulsões, de fantasias e de desejos inconscientes. Um registro de um exemplo dado por Freud é: o paciente não se recorda de que era desafiador em relação à autoridade dos pais,

---

4 LAPLANCHE; PONTALIS, 1997, p. 45, verbete *atuação*. Os autores mostram que o termo não tem um uso muito preciso em Freud, mas sustentam a distinção entre *atuação* e *acting out*, sendo este uma exacerbação do primeiro, um movimento do paciente que vai na linha da ruptura da transferência (transferência negativa).

mas comporta-se assim em relação ao analista. Logo, o que deve ser recordado e elaborado pelo paciente é o que já está presente na transferência e se repete na ação.

Freud procura mostrar também que tal repetição que se presentifica na transferência é uma forma de resistência, ou seja, o paciente repete, ou compulsivamente repete, para não entrar em contato com seu inconsciente. A repetição é a transferência do passado esquecido não só ao analista, mas a outras situações da vida. Quanto maior a resistência, mais a *atuação* aparecerá como uma substituta à recordação. Então, o paciente atua para não tomar consciência e se recordar; atua como uma forma de resistência à sua cura.

A recordação como uma luta contra a resistência

A recordação, como ocorria na primeira fase da técnica com a hipnose, era bastante artificial. A técnica ao tempo do artigo traz o sintoma do paciente para o centro da análise, recriando uma experiência viva. Ele vive todos os elementos patológicos da sua neurose na relação com o analista: inibições, atitudes e traços sintomáticos. Cabe ao analista interpretar todos esses elementos, remontando-os ao passado. É assim que se prepara o caminho para a reconciliação com o material reprimido que está se manifestando nos sintomas. Se o paciente desenvolve coragem suficiente, ele pode olhar de frente para sua neurose, que está aparecendo ali mesmo na transferência.

A dificuldade é que não raro primeiro há uma exacerbação do sintoma e do conflito, antes que o paciente possa recordar e elaborar o reprimido. No curso da análise, impulsos instituais profundos podem se atualizar, recrudescendo a resistência. Ao analista cabe uma atitude de cuidado e paciência para que os movimentos negativos do paciente, dentro ou fora da análise, não comprometam o tratamento. Mas a atitude do analista não pode ser excessivamente protetora, a ponto de impedir que o paciente aprenda pela própria experiência e pelo próprio sofrimento. Trata-se de uma luta ferrenha, do analista com o paciente, para manter no campo psíquico todos os impulsos que o paciente quer transferir para a ação (*atuação*) - uma ação que, não raro, se torna agressiva e de efeitos destruidores. A intenção de descarregar o conflito na ação só cessa quando o paciente toma consciência, recordando o que não pode ser recordado.

A compulsão à repetição só pode ser substituída pela recordação no manejo bem-sucedido da transferência. O analista deve estar em condições de ver a repetição como um elemento da cura, porque esta é, antes de mais nada, a manifestação do inconsciente. O analista deve compreender que a neurose do paciente está sendo substituída pela neurose de transferência e que esta última pode ser curada. É a partir das reações repetitivas exibidas na transferência que o paciente é levado até o despertar de lembranças, que, por fim, aparecem sem maiores dificuldades quando a resistência é superada.

Como a resistência é superada? O primeiro passo é revelá-la, pois com dificuldade ela é reconhecida pelo paciente. Mas a tarefa não termina aí. É necessário ajudá-lo a conhecer bem a resistência para poder elaborá-la, para poder superá-la no trabalho analítico. Só quando a resistência está no seu máximo é que o analista e o paciente podem colocar em relevo os impulsos reprimidos que a estão alimentando. A elaboração das resistências pode ser dolorosa para o paciente, mas é a alma do tratamento psicanalítico que, quando levada a termo, libera energias antes presas pela repressão.

Conclusão: história e repetição

Nas duas últimas seções, tratamos de duas possibilidades básicas da clínica e da experiência humana: a presentificação do passado como repetição, ou, alternativamente, da recordação do passado e sua elaboração com abertura para o novo. São duas possíveis maneiras de o homem se relacionar com o tempo: como história ou como repetição, para retomarmos a expressão de Galende apresentada na Introdução. Uma virtude da expressão é enfatizar a conjunção aditiva, apontando para o fato de que em Freud o tempo passa como história, ou seja, avanço, ou passa como repetição. As duas formas coexistem no pensamento dele sem que haja uma superação definitiva de uma forma pela outra. Em teóricos posteriores, é possível encontrar quem coloque a ênfase em um ou em outro elemento do binômio.

Não se deve deixar de apontar que para que haja história é necessário um *outro*. A subjetividade humana se constitui e se sustenta pela alteridade histórica. Não há possibilidade de historização no isolamento narcísico e na solidão. A história, mesmo a individual, é sempre social. Então, as modalidades expressas pelos termos *história* e *repetição* podem ser apresentadas como a possibilidade de relação com o outro ou como os efeitos subjetivantes das relações ensimesmadas. Em Freud, essas duas ordens estão profundamente ligadas: toda inscrição psíquica provém do outro, e se torna estrutura psíquica. O inconsciente freudiano, diz Galende, é uma história que não se reconhece como tal (Galende, 1992, p. 11). O inconsciente rechaça o tempo e se impõe sobre o sujeito como repetição. No entanto, cada presentificação do passado é uma possibilidade de recomposição, de elaboração a partir de novas significações. Há um desenvolvimento que permite abordar o passado de outra maneira... Além da reprodução inconsciente, há o processo secundário.

O texto de Freud mostra-nos que nisso não há neutralidade: o caminho da recordação é o caminho da luta e do trabalho, da determinação de superar a repetição. Trata-se de uma opção feita no limite do real, em contato direto com os limites do corpo, da mente e da condição social e espiritual humana. Trata-se com forças que resistem à tomada de consciência. Enfrentá-las é uma escolha que busca deixar aberta a possibilidade de história. A opção pela vida e a afirmação da possibilidade do novo é a escolha pela recordação que deixa o futuro como uma porta aberta.

Referências

ALONSO, S. *Tempo e história no processo psicanalítico. Comunicação feita no Seminário "Dialogando com Freud"*. São Paulo: Sociedade Psicanalítica de São Paulo, 1996.

CHNAIDERMAN, M. *O hiato convexo: literatura e psicanálise*. São Paulo: Brasiliense, 1989.

FÉDIDA, P. *Clínica psicanalítica: estudos*. Tradução de C. Berliner, M. P. Silva e R. Steffen. São Paulo: Escuta, 1988.

FRANCO, S. G. *Hermenêutica e psicanálise na obra de Paul Ricoeur*. São Paulo: Loyola, 1995. (Coleção Filosofia, n. 35).

FREUD, S. (1914) *Recordar, repetir e elaborar. (Novas recomendações sobre a técnica da psicanálise II). Edição standard brasileira das obras psicológicas completas de Sigmund Freud.* Rio de Janeiro: Imago, 1996. vol. XII.

__________. (1920) *Além do princípio do prazer. Edição standard brasileira das obras psicológicas completas de Sigmund Freud.* Rio de Janeiro: Imago, 1996. v. XVIII.

GALENDE, E. *Historia y Repeticion: Temporalidad Subjetiva y Actual Modernidad*. Buenos Aires: Paidós, 1992.

LAPLANCHE, J.; PONTALIS, J. B. *Vocabulário de psicanálise*. Tradução de P. Tamen. São Paulo: Martins Fontes, 1997.

RICOEUR, P. *Da interpretação: ensaio sobre Freud.* Tradução de Hilton Japiassu. Rio de Janeiro: Imago, 1977. (Série Logoteca).

Parte II

WINNICOTT

Psicopatologia e o viver criativo[1]

Manoel Tosta Berlinck e Sérgio de Gouvêa Franco

É no brincar, e talvez apenas no brincar,
que a criança ou o adulto fruem sua liberdade de criação.
(Winnicott, 1975b)

Introdução

Somos seres da dor e do sofrimento psíquico; podemos dizer que somos seres páticos se quisermos enfatizar a origem grega do conceito. Do grego *pathos* (παθοσ), vem o português "paixão", vem "patético" e também "patológico". O derivado *pathetos* (παθητos) quer dizer "aquele que tem capacidade de sofrer". Humanos, somos aqueles que temos capacidade de sofrer: sofremos a vida. A vida chega como uma experiência que nos põe a sofrer. Ela desloca, instiga, se insinua de um modo que afeta. Afetados, apaixonados, sofrentes. A consciência atrasada[2] mostra-nos que outra vez estamos descentrados. Resta reencontrar o equilíbrio. Um equilíbrio que só pode ser pensado dinâmico e nunca estático[3]. Que alguém

---

1 Este capítulo foi originalmente publicado em forma de artigo no seguinte periódico: *Revista LatinoAmericana de Psicopatologia Fundamental*, v. VI, n. 2, jun. 2003.

2 A ideia de que a consciência é sempre atrasada aparece na fenomenologia de Edmund Husserl.

3 Um sistema físico se diz em equilíbrio estático quanto a resultante de forças é nula. O sistema se diz em equilíbrio dinâmico quando há uma resultante de força diferente de zero que produz movimento. O equilíbrio psíquico só pode ser obtido em movimento, mediante constantes alterações de posição. Diz-se também que um sistema pode ter um equilíbrio estável ou instável. O equilíbrio é dito estável se responde a uma perturbação proveniente do ambiente de um modo que recompõe o equilíbrio, caso contrário, o equilíbrio é instável. A linguagem física se apresenta aqui como metáfora interessante do comportamento humano diante das constantes ameaças da vida.

possa se desestabilizar e cair no chão, não restam dúvidas. O que chamamos uma vida equilibrada não é outra coisa senão uma série enorme de ataques pequenos ou grandes à estabilidade, que foram mais ou menos neutralizados. Uma existência sem ofensas à estabilidade, serena e a qual sem esforço possa ser assim mantida é uma construção apenas imaginária. Os ataques se repetem: vêm de dentro do aparelho psíquico - como Freud chamava a parte intangível do ser humano; vêm de fora: da natureza e das vivências em sociedade.

A palavra *falha* é usada em geologia quando a rocha se abre e se aprofunda, quando o terreno firme vai para um lado e vai para o outro, abrindo uma fenda. A falha é feita de planos de clivagem que se afastam, é o abismo, o sem fundo, a profundidade. Pode-se dizer que o humano estaria colocado na falha, em uma condição delicada, sem apoio, em desamparo. Há uma falha primordial. Essa experiência na falha produz náuseas, mal-estar de quem ficou lançado no ar e clama por amparo[4]. É por isso que se diz que há uma psicopatologia fundamental (Berlinck, 2000) que aponta para uma condição de fragilidade e dependência constitutivas. Trata-se de uma situação de sofrimento que não é um acidente, mas o modo mesmo como a vida é vivida. É a descoberta da natureza pática da experiência psíquica.

Freud pensava que essa condição psicopatológica fundamental - marca do humano[5] - poderia ser explicada em grande medida pela neotínea: nascemos aparentemente antes do tempo. Somos prematuros, nascemos com menos de dois quilos de massa psíquica. Devemos essa predisposição originária às crises psíquicas ao fato de nascemos antes de estarmos prontos. E o que se vai dizer é que nunca ficamos prontos. Mas Freud, pensador arguto e profundo, não era totalmente negativo acerca dessa matéria. A neotínea - pensava ele - cria cultura, cria cultura e o aparelho psíquico. Nascer prematuramente permite ao humano um desenho intelectual, social e cultural sem paralelo no mundo animal. Mas não se deve esquecer que embutido nesse ganho há um preço a pagar: uma infância que não passa. A infância se prolonga, a fragilidade originária se mantém, as feridas psíquicas ficam

4 O tema da angústia humana diante de um mundo incomparavelmente maior, diante do qual se sente impotente, aparece claramente no pensamento existencialista, desde seus precursores, por exemplo, em Soren Kierkegaard (Kierkegaard, 1979).

5 A origem etimológica da palavra *humano* remonta a *húmus*, matéria orgânica que compõe o solo. O poeta hebraico destaca essa condição humana frágil: "somos pó" (Salmo 103.14).

do começo ao fim da vida. O nascimento coloca o humano em uma situação de falta. Desajustes múltiplos, riscos mortais: em resposta a ser posto na falha e na falta desde o nascimento é criada a cultura.

Consciente dessa condição de se nascer despreparado, Winnicott chamava atenção ao ambiente, primordialmente oferecido pela mãe, onde a criança nasce. O prematuro precisa de um ordenamento do entorno para sua sobrevivência psíquica (e de outras naturezas). É um entorno suficientemente bom, maternal e materialmente, que funda um sentimento de permanência, de segurança e de continuidade do ser no bebê. A crise do nascimento reclama pela noção de cuidado. Se não há uma simbiose mãe-filho, o bebê não pode sobreviver à crise do nascimento. Cada crise posterior, que desvela a psicopatologia fundamental, exige a instauração de um marco novo que permita o restabelecimento de um equivalente à simbiose primitiva. Um marco, é bom lembrar, sempre provisório e precário.

Destinado à crise e também à superação criativa da crise, o bebê dispõe das palavras e das coisas que basicamente o ambiente lhe oferece para enfrentá-la. A criação de um espaço, que Winnicott chamava transicional, pela dupla mãe-bebê[6], é absolutamente necessário para que possa se estabelecer e se manter a confiança na própria continuidade, na capacidade de estabelecer nexos entre si mesmo e o mundo, na faculdade de julgar, simbolizar, pensar e criar. Cada crise posterior na vida demanda um novo marco criativo que nunca desfaz a condição psicopatológica fundamental, mas que permite a continuidade da existência. São os recursos que minimizam o sofrimento, que aplacam a dor, que permitem uma vida minimamente coerente e feliz. Trata-se da insistência criativa em viver, em uma situação hostil.

Exatamente sobre isso versa este artigo: sobre a criatividade diante da psicopatologia fundamental. Estuda-se aqui a solução criadora diante da crise inicial da vida, que se torna modelo para pensar as demais crises da vida e, em grande medida, para pensar a própria clínica psicanalítica. A investigação de autores psicanalíticos - Freud e Winnicott -, especialmente o último, é sempre feita dentro do marco clínico e visam finalmente à própria clínica e à vida.

6 O espaço transicional é criado pelo par mãe-bebê, em um ambiente de confiança, em que a presença e o contato com outro são vividos de modo benigno.

Viver de modo criativo

A noção de criatividade que Donald Winnicott (1999) introduz distingue criatividade nas artes e criatividade na vida. O índice da vida criativa é a experiência de sentir que a vida vale a pena. A vida que parece aborrecida ou totalmente infeliz é a vida na qual o elemento criativo não se estabelece.

Winnicott assentará a noção de criatividade na noção de existência. Criativo é aquele que desfruta da experiência de estar vivo. Pode não estar consciente do fato, mas sua vida se assenta sobre a noção e o valor da existência. Descartes também usou a noção de existência como fundamento de seu pensamento racional. Para combater o ceticismo que achara seu apogeu no século XVI em Montaigne, Descartes põe em dúvida a própria dúvida, fundando o pensamento na existência: *"Cogito ergo sum"* (Descartes, 1978). Para Winnicott, a existência não é tanto o fundamento da certeza. Segundo ele, a existência é a base para a ação. A ação criativa é a que nasce da própria noção de existir. Portanto, aquele que pratica o fazer criativo existe: crio, logo existo, logo sou, logo estou vivo e desfruto da existência como algo benigno. A criatividade é uma vitória contra a vida sem valor. A ação nasce da noção de existir, do cerne do ser.

Há vidas apenas reativas. Retire os estímulos dessas pessoas e sua ação desaparecerá. Seu núcleo existencial tem pouco efeito, pouca capacidade criativa. São pessoas de tal forma determinadas desde fora, que a interpretação behaviorista pode bem explicá-las. São um modelo perfeito de ação e reação. A clássica distinção explicar *versus* compreender o comportamento humano fica superada (Ricoeur, 1978): são humanos sem criatividade. Suas ações parecem poder ser explicadas pelos estímulos de fora; ações compulsivas, de onde a liberdade se afastou. Não há uma ação que nasça do centro da vida.

Winnicott não pensa de modo voluntarista: não se trata de tomar uma decisão sobre o assunto. O que está em pauta é a natureza das primeiras experiências que capacitam (ou não) o desfrute de estar vivo, que desemboca em atos criativos e afastam uma vida apenas reativa. A criatividade tem relação com uma capacidade que aparece na primeira infância e pode ser mantida a vida toda. Que capacidade é essa? A capacidade de criar o mundo onde se vive. O bebê – tendo condições razoavelmente boas – cria o mundo a seu redor e nem se dá conta de que esse mundo já estava lá antes de tê-lo criado.

O princípio da realidade de Freud tem a ver com a capacidade que se forma lentamente no bebê de ir percebendo e aceitando que o mundo que ele criou estava lá antes de ele tê-lo criado, ou mesmo antes de ele ter sido concebido. Essa capacidade só é possível se a experiência anterior com a ilusão e com a onipotência foi vivamente vivida. O princípio da realidade, que é uma afronta ao narcisismo do bebê, só pode ser aceito graças às experiências felizes do período da ilusão.

Uma forma não criativa de lidar com a realidade é a submissão; trata-se da aceitação submissa da realidade. Freud descreveu muito bem o que ele considerava uma vida normal: a vida normal é aquela que associa a aceitação da realidade da neurose e a intenção transformadora da psicose. Em seu artigo "A perda da realidade na neurose e psicose", de 1924, define saúde como uma combinação das respostas da neurose e da psicose diante da realidade:

> Chamamos um comportamento "normal" ou "sadio" se ele combina certas características de ambas as reações: repudia-se a realidade tão pouco quanto uma neurose, mas se depois se esforça, como faz uma psicose, por efetuar uma alteração desta realidade. Naturalmente, esse comportamento conveniente e normal conduz à realidade do trabalho no mundo externo; ele não se detém como na psicose, em efetuar mudanças internas (Freud, 1924, p. 207).

Fiquemos atentos para onde aponta Freud quando quer pensar a saúde psíquica, ou seja, quando quer pensar o melhor da possibilidade humana. Ele aponta para o ato criativo que transforma o mundo. O melhor é ao mesmo tempo aceitar e rejeitar a realidade, acolhê-la e transformá-la. Se desejarmos ser precisos: acolher a realidade para transformá-la.

Freud trabalha contra uma fuga da realidade como na psicose. Mas trabalha também contra uma fuga para a realidade, em uma neurose que se recusa a retribuir todo e qualquer impulso erótico[7]. Ele não quer reduzir seus pacientes a simples vassalos da realidade, Sanchos Panças (de Cervantes) que perdem toda transcendência,

7 A oposição "fuga da realidade" e "fuga para a realidade" encontra-se em Coelho (1995).

que emburrecem e empobrecem crendo que o que é deve ser. Tampouco ensina o caminho de Dom Quixote que em sua briga com o real alucina inimigos em moinhos de vento. Não recomenda como modelo a criança que se mantém delirante, onipotente, que desprezando a realidade opera apenas uma pseudocriatividade.

A criatividade vai com o trabalho, com o trabalho de transformação da realidade anteriormente aceita. Em jogo, um trabalho com paralelismos em outros trabalhos da mente humana, bem destacados por Freud: o trabalho do sonho, do luto e o trabalho clínico da elaboração. São trabalhos que aceitam e transformam a realidade e transformam o aparelho psíquico, que transforma e é transformado pela realidade. Em Freud, a criatividade tem relação com imaginação e trabalho.

A criatividade que se forma nos primeiros estágios da vida tem a ver com a capacidade de se lançar um olhar próprio acerca de tudo que aí está. No dicionário, criar quer dizer "dar existência a" (Ferreira, 1986); a criatividade aqui contemplada tem a ver com a capacidade de olhar para tudo com se fosse a primeira vez. Trata-se de uma percepção da realidade que traz um toque pessoal, um jeito próprio, criativo de ver a realidade: ou seja, um modo de viver que cria o mundo exatamente onde ele está, mas com um toque pessoal, próprio.

Tal é a criatividade em consideração: a capacidade de ação de quem está vivo e desfruta desse fato. A criatividade é vista como um atributo do existente que desfruta da sua própria vida. O que Winnicott está dizendo é que o ser precede o fazer, mudando a máxima existencialista[8]. Caso contrário, o que se tem é uma ação mecânica, heteronômica, legalista, moralista, doutrinária, em última instância, falsa. Ou o ser se desenvolve antes do fazer, ou o que resulta é uma artificialidade que se manifesta na ação clichê e responsiva. Quando há esse desenvolvimento ser-fazer, aparece a ação autêntica, a ação criativa: uma ação que cria um mundo que já existia com as marcas daquele que o criou.

Tal impregnação do mundo com algo pessoal tem a ver com a capacidade imaginativa. Se a imaginação foi embora, a criatividade também foi. Essa impregnação da realidade só pode ocorrer com a preservação de algo secreto em cada um. É esse algo próprio, secreto e pessoal de cada um que é a verdadeira fonte da criatividade[9].

---

8 O existencialismo afirma que a existência precede a essência.

9 Cf. a sessão a seguir, intitulada "A capacidade de estar só".

O viver criativo nasce da sensação de estarmos vivos e de sermos nós mesmos e, ao mesmo tempo, fortalece essa noção. Trata-se de um estado de espírito que é o negativo do espírito depressivo esquizoide. Ao invés de tudo parecer sem graça e sem força quando se olha, prevalece o sentimento de que a vida parece valer a pena ser vivida. O viver criativo não demanda nenhum talento especial como a criação nas artes demanda. O viver criativo (ou a falta dele) tem relação com a noção da presença (ou falta) daquilo que mais nos caracteriza como humanos: a impregnação da realidade com nosso toque pessoal.

Muitos relacionamentos amorosos podem definhar porque a vida criativa de um ou de ambos fica impedida pelo outro. Isso também pode ser verdade para a vida do trabalho. O tédio resulta dessa negação ou diminuição da criatividade. Frequentemente, aparece um conflito, um choque, entre o impulso pessoal e os compromissos estabelecidos para a manutenção da confiança. A questão seria, então: como manter a criatividade e a confiança juntas? Ou, de outra maneira: como aceitar a realidade sem a perda do impulso pessoal? Quanto mais feliz foi a infância de um bebê, maior será sua capacidade para encontrar uma solução positiva para esse conflito fundamental do ser humano.

A imaginação ocupa um lugar essencial na resolução desse enigma, na vida sexual e na vida criativa em geral. É necessário realçar o valor da projeção, da introjeção e o lugar da identificação. O que está em jogo é a capacidade de alucinar aquilo que está bem à frente. Criar o que já existe. Trata-se de uma capacidade que aparece na vida adulta e cuja origem está na infância: a capacidade de encontrar na realidade o que se está criando. A experiência feliz com a mãe permite ao bebê manter a onipotência infantil pelo tempo necessário para desfrutar da ilusão de sua força. A desilusão não traumática só é possível com base naquela experiência. Essa é a base da capacidade de criar o que já existe.

Quando a criança não tem a suficiente experiência com a onipotência, terá de exacerbar a onipotência na vida adulta, a criatividade artificialmente estabelecida e o controle. Só a doce experiência com a onipotência sustentada pela mãe é a base para que se forme a capacidade para ir abandonando a onipotência e para a aceitação desse lugar de um entre outros no mundo dos humanos.

A vida fútil é a vida em que essa capacidade criativa não pode ser recuperada na vida adulta. Não se trata tanto do que se faz, mas se o que se está fazendo carrega ou não um toque original. A pessoa criativa pode fazer criativamente qualquer coisa. A marca da criatividade é a sensação de que há algo novo e inesperado no ar. O contrário é a vida entediante e finalmente sem sentido. A criatividade tem a ver com a concepção de algo que já existe, com aquilo que Winnicott chama de apercepção criativa. O viver criativo tem a ver com viver uma vida própria em que o princípio da realidade não é sentido como totalmente castrador. O casamento só pode continuar sendo criativo se for possível manter todo tipo de projeção e introjeção de parte a parte em todos os campos da vida de relacionamento entre ambos, inclusive o campo sexual. A vida criativa tem relação com a capacidade de se surpreender e de ver o novo onde estava o conhecido. Claro que o viver criativo é um conceito que não necessariamente tem a ver com a ideia de se dar bem na vida, mas com a ideia de que a vida vale a pena.

Em Freud, a criatividade tem a ver com trabalho, com imaginação e trabalho – dissemos há pouco. Em Winnicott, a imaginação é ainda mais valorizada. Heitor O'Dwyer de Macedo expressa em boas palavras:

> Freud definirá a normalidade como um equilíbrio sutil entre neurose e psicose, Winnicott concebe a saúde psíquica na proximidade da loucura. (É verdade que ele era um grande admirador de Shakespeare.) Em Winnicott, a aliança entre um amoralismo radical e uma tolerância redefine a concepção da paixão e da psicopatologia. Esta última, na linha rigorosamente freudiana, é uma fonte inestimável de compressão do ser humano, fonte na qual se enraíza toda a criatividade (Macedo, 2001, p. 138-147).

A capacidade de estar só

Para ser criativo é preciso ter um cerne pessoal, ter um cerne secreto, um ponto sagrado e isolado onde cada um é si mesmo do modo mais radical, de onde toda verdadeira criatividade emerge. Winnicott fala-nos da capacidade de estar só que expressa e constitui esse espaço sagrado interno (Winnicott, 1983, p. 31-37 e 163-174).

A capacidade de estar só é um dos sinais de maior desenvolvimento emocional do indivíduo, trata-se de uma alta capacidade psíquica. Na clínica, aparecem ocasiões em que a capacidade de ficar só é importante para o paciente. O silêncio aparece como uma necessidade e conquista do paciente. Tal silêncio, longe de ser evidência de resistência, representa uma manifestação de uma capacidade psíquica, a capacidade de realmente ficar só.

Menos do que falar sobre o medo ou desejo de ficar só, aqui se quer falar sobre a capacidade de estar só. Winnicott não quer falar da reclusão como um efeito da expectativa paranoide. Ele lembra que o pensamento psicanalítico refere-se frequentemente às relações triangulares, por exemplo, no Édipo, e às relações duais, por exemplo, na relação pré-edípica mãe-bebê. No entanto, Winnicott quer chamar a atenção para a experiência unipessoal. O narcisismo, por exemplo, é uma relação unipessoal anterior às relações tri e bipessoais.

Aquilo que Winnicott chama capacidade de ficar só é entendido como um fenômeno altamente sofisticado, ao qual uma pessoa pode chegar em seu desenvolvimento após as relações triádicas e biádicas. Contudo, para ele, essa experiência tem origem em um fenômeno primitivo e primário, uma experiência de solidão benigna muito antiga. A experiência à qual Winnicott se refere é o fato de o bebê desenvolver, com a presença da mãe, a capacidade de ficar só. Portanto, essa capacidade de ficar só tem uma origem paradoxal. Essa capacidade se desenvolve apenas na presença de alguém, mais especificamente da mãe. O lactante está só, experimenta sua solidão e seu silêncio, enquanto esse momento é lastreado pela presença confiada e silente da mãe.

Um exemplo dessa capacidade de estar só na vida adulta é o momento após o coito. Cada parceiro está só e contente de estar só. Trata-se de uma experiência de estar só, mas que não é a mesma da reclusão. Há uma integração da noção de tempo que permite que se espere pela evolução dos acontecimentos e que outro momento apareça sem ansiedade. Outro exemplo de capacidade de ficar só está relacionado ao modo como a criança lida com a cena primária. A criança aceita a cena primária, ou seja, a cena excitante percebida ou imaginada acerca de seus pais. A criança saudável pode lidar com a raiva e a excitação daí decorrente. A criança aceita ser o terceiro nessa relação triádica. Pode usar essa experiência, por exemplo, na masturbação. Essa experiência de estar só a partir da cena primária revela uma capacidade de integração do elemento agressivo e do elemento erótico e revela também a capacidade de tolerar sentimentos ambivalentes.

É possível abordar o tema tomando a teoria de Melaine Klein como referência. A capacidade de ficar só estaria ligada nessa formulação à existência de um objeto bom na realidade psíquica do indivíduo. A presença desse objeto interno garantiria a sensação de confiança do indivíduo diante do presente e do futuro. Está ligada à capacidade de sentir autossuficiência no viver e capacidade de descansar contente mesmo na ausência de objetos ou estímulos externos. A capacidade de ficar só tem a ver com uma maternagem suficientemente boa que gera uma confiança num ambiente benigno. Essa confiança se constrói pela repetição de gratificações instintivas satisfatórias. Nesse caso, o que temos é uma experiência anterior à experiência triádica no Édipo. Mas já se trata de um momento em que uma certa integração já se operou, porque o bebê já experimenta a distinção entre dentro e fora.

Winnicott quer investigar um momento ainda anterior, que precede a vida adulta e a experiência de estar só após o sexo, anterior à vivência triádica na cena primária, ou biádica, na experiência da introjeção do bom objeto de Klein. Ele se pergunta se é possível ficar só antes disso. Fala de uma experiência primeva, que é a base da capacidade de ficar só na vida adulta e a experiência de ficar só na vida precoce do bebê, quando a imaturidade do ego é compensada pelo apoio do ego da mãe. À medida que o tempo passa, o indivíduo introjeta o ego auxiliar da mãe e dessa maneira se torna capaz de ficar só sem apoio frequente da mãe.

Quando alguém diz "eu estou só", a frase pressupõe um alto desenvolvimento emocional. Primeiro, pressupõe um eu razoavelmente inteiro e íntegro, alguém que diz eu. O eu foi capaz de afastar o mundo externo e se constituiu de modo razoavelmente organizado. O verbo estar implica que não apenas o indivíduo tem um ego razoavelmente integrado como tem vida. Só é possível atingir esse estágio se o provimento emocional da mãe foi razoavelmente bom, mediante uma boa identificação com a criança. Por fim, a frase completa "eu estou só" significa um desenvolvimento que já incorporou a noção de que a mãe está continuamente lá e disponível. Assim é que a criança pode se permitir ficar só sem ficar apavorada; tem a capacidade de ficar só e desfrutar a solidão. Assim, a capacidade de ficar só nasce de uma boa experiência de ter sido acompanhado, de experimentar a presença do outro.

Quando o eu pode integrar o impulso do id, aparece uma vida criativa e espontânea. Quando a criança consegue estar só, pode descobrir sua vida pessoal própria. Portanto, a criatividade decorre dessa capacidade de ficar só e vivenciar o que é próprio. Quando não há essa capacidade, o que temos é uma vida reativa a estímulos externos, o que Winnicott chama uma vida com um falso self. Quando a criança e o adulto têm a capacidade de ficarem sós, podem, digamos, relaxar. Nessa situação, a criança pode experimentar de modo não persecutório a capacidade de estar não integrada, de devanear, de estar em um estado de desorientação, de estar em um estado que não precisa reagir às contingências externas, nem mesmo precisa atender às demandas internas que a levem a uma dada direção. Nesse estado de desorientação não paranoide, tudo está preparado para o aparecimento do impulso do id. O impulso será recebido então como algo próprio e pessoal. Por isso tudo é importante a presença de alguém disponível e sem exigências. Quando chega o impulso, se há esse acompanhamento, então poderá haver um aproveitamento produtivo, criativo. Assim se constitui uma vida real e não fútil. O indivíduo que desenvolveu a capacidade de ficar só está constantemente capacitado a redescobrir o impulso pessoal e de criar a partir dele.

Quando o viver criativo não se estabelece

Quando o viver criativo não se estabelece, ele pode ser um indício do comprometimento psíquico. Assim como as perturbações do sono, as manifestações somáticas e muitas outras manifestações psicopatológicas, o viver não criativo pode apontar para limitações no funcionamento psíquico mais ou menos graves. Ao invés de impregnar o mundo com um olhar e uma ação próprios, o que pode aparecer é uma experiência de submissão que traz consigo um sentido de inutilidade e uma noção de que nada realmente importa. O viver não criativo manifesta-se nesse caso em pessoas firmemente ancoradas na realidade, mas doentes no sentido de que perderam o contato com o mundo subjetivo e com a aproximação criativa dos fatos[10].

10 Sócrates caracterizou seu método pedagógico de *maiêutica*, que significa dar à luz, fazer o parto. A tarefa pedagógica, portanto, não seria transmitir conceitos, mas parir conceitos que já estão incipientes no discípulo. Trata-se de uma dialética, de uma relação, de um diálogo. O que o psicanalista aponta agora remonta a uma tradição humanista antiga que pensa as relações humanas não como uma heteronomia, ou seja, como uma invasão do outro, uma *alte-ra-ção*, mas como uma elucidação produzida pela relação com contribuição do par que se relaciona.

A ideia de uma vida submissa é descrita em Winnicott com o auxílio do conceito de um eu com um falso self, com uma falsa personalidade (Winnicott, 1983, p. 128-139). É uma ideia que tem origem em Freud, quando ele destaca que o eu pode estar orientado para o exterior e para relacionamentos com o mundo, em detrimento do contato com a sexualidade. Winnicott destaca uma sobreadaptação egoica. O eu está tão aterrorizado com as demandas do id, que se afasta de todas as suas excitações; o eu se torna incapaz de incorporar as excitações, que são vividas de modo traumático. Nesse sentido, o eu é incapaz de sustentar os riscos envolvidos e as frustrações necessárias no caminho de poder experimentar a satisfação do id.

O falso self pode se implantar com tanta intensidade, que passa a ser confundido socialmente com a personalidade real[11]. Em casos menos extremos, o falso self defende o verdadeiro self que permanece operante em alguma parte da vida psíquica. O falso self pode ser associado a uma rigidez de defesas; não raro, no caso de o indivíduo dispor de grande capacidade intelectual, o falso self se manifesta na vida intelectual. Há dissociação neste caso entre a vida intelectual e a experiência psicocorporal. A etiologia dessa psicopatologia deve ser buscada nas relações primevas mãe-bebê. Se a mãe pode física e simbolicamente acolher às primeiras manifestações, os primeiros gestos espontâneos do bebê, a onipotência imaginária pode se estabelecer. Mas se "a mãe não foi suficientemente boa", para usar a expressão de Winnicott, o self verdadeiro não pode se desenvolver adequadamente: a mãe não ofereceu o apoio necessário ao frágil e incipiente eu. A ilusória onipotência do lactante não se estabelece. O gesto espontâneo é substituído pelo gesto submisso que busca uma mãe insensível às necessidades do bebê.

Se a mãe oferece uma adaptação razoavelmente boa às necessidades do bebê, o eu frágil vai ganhando confiança em seu poder ilusório de criar o mundo, começa a confiar na realidade externa que a seus desejos se submete. De fato, essa ilusão de que o mundo se lhe submete aos desejos é sustentada pela ação da mãe. O verdadeiro self tem espontaneidade, cria e recria o mundo e pode gradativamente ir abandonando a ilusão de sua onipotência. Se a mãe não pode se submeter às

---

11 Do ponto de vista da experiência clínica, podemos dizer que o paciente obtém sucesso onde não desejou ter sucesso. Sente-se um alienígena em sua própria vida falsa. Há uma sobreadaptação às expectativas alheias, que encontra uma metáfora interessante e engraçada no filme *Zelig*, de Wood Allen, em que o protagonista vai se transformando na aparência de seu interlocutor: diante de um japonês, vai mudando para parecer japonês etc.

necessidades do bebê, só resta a ele o gesto submisso que constrói um self falso e defensivo, incapaz de brincar com a realidade[12].

No outro polo de uma vida submissa, encontramos a experiência de viver a realidade como algo inteiramente subjetivo. O que se quer dizer com vida subjetiva é que se trata de uma vida pautada por uma percepção e por uma construção da realidade que não são compartilhadas socialmente (Winnicott, 1975, p. 95-120). Em situações extremas, temos o delírio, genericamente temos os casos esquizoides. São pessoas marcadas por certas ilusões e reações a essas ilusões que, em grande medida, comprometem seu desempenho social. No limite está a esquizofrenia. Não se trata de estabelecer uma divisão firme entre os quadros apresentados: a vida criativa e os estados esquizoides. A alucinação, sabemos, é uma experiência que pertence a todos no sonho, já destacava Freud. Winnicott ressaltará que as manifestações esquizoides estão claramente presentes na vida infantil. Uma pessoa esquizoide ou mesmo esquizofrênica pode ter uma felicidade razoável em uma comunidade que a acolhe. O que se destaca aqui é a dissociação da personalidade daí decorrente, um verdadeiro *splitting*.

Há indivíduos em situações ambientais extremamente adversas que na vida adulta tiveram sua capacidade criativa reduzida, quase eliminada. Mas o que aqui se destaca sobretudo é a etiologia infantil dessas psicopatologias. Felizmente, menos nos casos mais severos de personalidade falsa, permanece uma vida secreta, uma qualidade criativa e original que, em grande medida, caracteriza o ser humano.

A criatividade aqui mencionada refere-se menos diretamente à produção artística, científica ou religiosa, e mais a um modo de se relacionar com a realidade socialmente construída. A ofensa da criatividade no ser humano, por ausência de fatores ambientais positivos na infância ou mesmo em situações extremas na vida adulta, parece poder ser associada a certas manifestações psicopatológicas com menor ou maior intensidade, com maior ou menor gravidade, como o desenvolvimento de um falso self, da drogadição, da delinquência juvenil, dos quadros esquizoides e da esquizofrenia.

---

12 A noção de brincar é tão importante em Winnicott, que o assunto é retomado nos próximos dois capítulos deste livro, cf. Winnicott (1975).

Conclusão

Por fim, podemos dizer que a condição em que nasce o ser humano é uma condição de crise, porque lhe faltam recursos diante das ameaças da vida. Mediante um trabalho criativo, sustentado pela mãe, o bebê cria esses recursos de sobrevivência e é por eles criado. A superação dessa crise primeira torna-se base e modelo para a superação criativa de tantas outras crises da existência. A ausência dessa solução inicial deixa o humano lançado em sua fragilidade, em condição indefesa que se manifesta em várias psicopatologias. Compreender essas coisas ajuda o psicanalista no processo de criar um espaço favorável para que os elementos criativos fundamentais que não se estabeleceram na infância possam ser tardiamente formados.

Referências

ANZIEU, D. El *Cuerpo de la Obra: Ensayos Psicoanaliticos sobre el Trabajo Creador*. Madrid: Siglo Veintiuno, 1993.

BERLINCK, M. T. *Psicopatologia fundamental*. São Paulo: Escuta, 2000.

COELHO JR., N. E. *A força da realidade na clínica freudiana*. São Paulo: Escuta, 1995.

DESCARTES, R. *Discurso sobre o método*. Tradução de M. Pugliesi e N. P. Lima. São Paulo: Hemus, 1978.

FÉDIDA, P. *Clínica psicanalítica: estudos*. Tradução de Berliner et al. São Paulo: Escuta, 1988.

FERREIRA, A. B. H. *Novo dicionário Aurélio da língua portuguesa*. 2. ed. São Paulo: Nova Fronteira, 1986.

FRANCO, S. G. "A realidade na neurose, perversão e psicose - uma leitura de Freud". *Pulsional – Revista de Psicanálise*, São Paulo, ano XII, n. 121, maio 1999.

FREUD, S. (1924) *A perda da realidade na neurose e na psicose. Edição standard brasileira das obras completas de Sigmund Freud.* Rio de Janeiro: Imago, 1996. v. XIX.

JULIA, D. *Dictionnaire de la Philosophie.* Paris: Larousse, 1964.

KIERKEGAARD, S. *Diário de um sedutor; temor e tremor; O desespero humano.* Tradução de C. Grifo. São Paulo: Abril, 1979. (Coleção Os Pensadores).

MACEDO, H. O. "Entrevista concedida a M. E. Costa Pereira". *Revista Latinoamericana de Psicopatologia Fundamental*, São Paulo, v. IV, n. 4, p. 138-147, dez. 2001.

MARCONDES, D. *Iniciação à história da filosofia. Dos pré-socráticos a Wittgenstein.* 5. ed. Rio de Janeiro: Jorge Zahar, 2000.

OUTEIRAL, J. O.; GRANA, R. B. *Donald W. Winnicott – estudos*. Porto Alegre: Artes Médicas, 1991.

RICOEUR, P. "Explanation and Understanding: On Some Remarkable Connections Among the Theory of the Text, Theory of Action, and Theory of History". In: REAGAN, C.; STEWART, D. (Eds.). *The Philosophy of Paul Ricoeur: An Anthology of his Work*. Boston: Beacon, 1978. p. 149-166.

TAYLOR, W. C. *Dicionário do grego: Vocabulário grego-português*. 5. ed. São Paulo: Juerp, 1978.

WINNICOTT, D. W. "A criatividade e suas origens". *O brincar e a realidade*. Tradução de J. O. A. Abreu e V. Nobre. Rio de Janeiro: Imago, 1975. p. 95-120.

______. *O brincar e a realidade*. Tradução de J. O. A. Abreu e V. Nobre. Rio de Janeiro: Imago, 1975b. p. 79.

______. "Distorção do ego em termos de falso e verdadeiro self". *O ambiente e os processos de maturação. Estudos sobre a teoria do desenvolvimento emocional*. Tradução de I. C. S. Ortiz. Porto Alegre: Artmed, 1983. p. 128-139.

______. *Natureza humana*. Tradução de D. L. Bogomoletz. Rio de Janeiro: Imago, 1990.

______. *Tudo começa em casa*. Tradução de P. Sandler. São Paulo: Martins Fontes, 1999.

______. *A família e o desenvolvimento individual*. Tradução de M. B. Cipolla. São Paulo: Martins Fontes, 2001.

O BRINCAR E A EXPERIÊNCIA ANALÍTICA[1]

Sérgio de Gouvêa Franco

É somente sendo criativo que o indivíduo descobre o eu (self).
(Winnicott, 1975)

Introdução

Donald Winnicott mudou a noção de sessão analítica quando aproximou a sessão de psicanálise à noção do brincar. Para ele, a sessão se dá mediante a sobreposição de duas áreas do brincar - a do paciente e do analista. Se o paciente não pode brincar, o trabalho do analista é ajudá-lo a sair dessa impossibilidade para a situação do que brinca. Se o analista ele mesmo não pode brincar, neste caso simplesmente não serve para o ofício (Winnicott, 1975, p. 59). Não podemos encarar o brincar de Winnicott de modo ingênuo; precisamos tirar essa noção do que lá está colocado pelo médico inglês. O que pretende Winnicott é ampliar o leque de recursos do analista, não diminuí-lo mediante uma caricatura. Entender o que pensa Winnicott sobre o brincar e a sessão analítica, evocar o enquadre da psicopatologia fundamental, refletir - eis aí o desafio deste capítulo.

---

1 Este capítulo foi originalmente publicado em forma de artigo no seguinte periódico: *Revista Ágora Estudos em Teoria Psicanalítica*, Rio de Janeiro, Programa de Pós-Graduação em Teoria Psicanalítica - Instituto de Psicologia - UFRJ, v. VI, n. 1, jan./jun. 2003.

O brincar em Winnicott[2]

Há uma raiz funda na história da psicanálise que relaciona a brincadeira infantil com sublimação. A brincadeira sustenta-se partindo de uma fantasia que se oculta dentro de si; é tarefa do analista de crianças interpretar essa fantasia. Essa visão talvez tenha tornado a brincadeira em si uma coisa sem importância para a psicanálise. O que Winnicott propõe é algo diferente, ele olha para o brincar em si como um objeto de estudo. Melaine Klein vê a brincadeira como uma forma de comunicação extremamente importante para a sessão com crianças. Winnicott volta-se para o brincar - o verbo, não para a brincadeira, um substantivo - como uma coisa a ser vista em sua potencialidade própria. O brincar como o concebe Winnicott não se limita às crianças apenas, mas se estende aos adultos também.

O brincar de Winnicott em crianças e adultos só pode ser plenamente entendido com a concorrência de sua noção de transicionalidade. Simplificando um pouco, podemos dizer que Freud estabelecera basicamente dois campos da experiência dos indivíduos. Por um lado, falava na realidade psíquica, desde *A interpretação dos sonhos*, em que se referia à experiência psíquica, pessoal e interna de cada um. Também falava da realidade externa e compartilhada socialmente, da qual a realidade psíquica se distingue ou até se opõe. Winnicott propõe um campo intermediário, que faz a transição entre os polos freudianos. Alguns erradamente reduzem esse campo intermediário aos objetos que eventualmente o representam, por exemplo, os ursos de pelúcia. Trata-se de fato de uma área intermediária da experiência humana "entre o erotismo oral e a verdadeira relação de objeto" (Winnicott, 1975, p. 14). Os objetos ditos transicionais são objetos que não pertencem ao corpo do bebê (não são, por exemplo, o polegar que é chupado), nem são plenamente reconhecidos como a realidade externa compartilhada socialmente. A transicionalidade está no encontro entre o mundo psíquico e o mundo socialmente construído. Esse campo intermediário constituído tanto pela realidade interna quanto pela realidade externa é fundamental para entender o brincar de Winnicott.

Essa área intermediária tem a ver com a crescente capacidade de o bebê perceber e aceitar a realidade socialmente construída. Trata-se de uma transição que

---

2 Examino aqui a noção amadurecida de Winnicott expressa no livro *O brincar & a realidade*, embora seja possível investigar em sua obra anterior o desenvolvimento do conceito.

começa com a ilusão do bebê, que se percebe como potente e criador do mundo que o circunscreve, passa pela desilusão quanto à sua onipotência e chega a uma certa aceitação da realidade socialmente construída. Na vida adulta, essa área intermediária está expressa nas artes, na religião e na cultura em geral; é o campo também da loucura, quando alguém exige demais da credulidade dos demais. Em crianças e adultos, a experiência ilusória não desaparece totalmente.

O brincar winnicottiano tem uma topologia e uma temporalidade. O espaço que o brincar ocupa não fica dentro nem tampouco fora da subjetividade, fica na fronteira. O brincar não está no espaço repudiado pelo bebê que constitui o não eu, nem está inteiramente dentro de sua subjetividade e corpo. Esse espaço de brincar Winnicott chamou espaço potencial, e é inicialmente pensado como um espaço que se forma entre a mãe e o bebê.

O modo com que Winnicott concebe o brincar tem a ver com vários tempos. No primeiro tempo, o bebê e o objeto estão fundidos. A visão que o bebê tem do objeto é inteiramente subjetiva. A mãe suficientemente boa orienta-se para concretizar o que o bebê está pronto a encontrar. A isso Winnicott chama criatividade primária[3], que só é possível mediante uma ação digamos apaixonada da mãe na direção de seu bebê - uma ação que só aos poucos vai se desfazendo. No segundo tempo, o objeto é repudiado como *não eu*, aceito novamente e objetivamente percebido. Nesse tempo, a mãe devolve ao bebê o objeto que ele repudiou.

A mãe oscila entre ser o que o bebê tem capacidade de encontrar e ser ela própria, aguardando ser encontrada. Se a mãe tem razoável sucesso no exercício desses papéis, então o bebê tem a experiência mágica da onipotência, o que o prepara para a futura desilusão necessária. Quando a mãe tem uma relação de sintonia inicial com o bebê, estabelece-se um ambiente de confiança, e o bebê *brinca* com realidade. Trata-se de uma brincadeira muito prazerosa, porque nesse jogo delicado da subjetividade emergente e dos objetos reais há uma sensação de controle.

Um estádio mais avançado fala da experiência de ficar sozinho na presença de alguém. A criança brinca confiante de que a pessoa a quem ama está lá, disponível, sustentando o brincar. A mãe é esquecida, mas quando lembrada, é lembrada como alguém que merece confiança e pode ser facilmente acessada. Assim, a

3 Conferir, neste livro, o capítulo "Psicopatologia e o viver criativo".

criança vai ficando pronta para a experiência de desfrutar de uma área de superposição de duas áreas de brincar. Não só o bebê brinca e é observado. A mãe brinca com o bebê também; primeiro age de modo a não romper o dinamismo da brincadeira infantil. Depois, a mãe pode introduzir plenamente seu brincar; a criança, por sua vez, pode experimentar relacionar-se com ideias que não lhe são próprias.

O BRINCAR E A SESSÃO ANALÍTICA

Esta noção de espaço potencial aplica Winnicott à sessão de análise. O brincar é universal, saudável e inteiramente desejável, inclusive na sessão de análise. O brincar facilita a comunicação consigo e com os outros, propiciando experiências inéditas de desintegração e integração do paciente. A sessão de psicanálise pode ser pensada como uma manifestação sofisticada e contemporânea da experiência de brincar. A sessão funda-se em um espaço e uma temporalidade próprias que têm semelhanças com o espaço e a temporalidade das relações iniciais mãe-bebê.

A sutileza das relações mãe-bebê deve ser considerada referência para a sessão analítica. Não se trata de uma visão romântica, porque o brincar pode tornar-se assustador. A organização da brincadeira infantil deve ser vista como uma tentativa de prevenir a emergência desse aspecto assustador no brincar. Frequentemente, as crianças precisam de alguém que observe o brincar, para que o aspecto aterrador não destrua a dimensão criadora da brincadeira. Na sessão também. Esta deve poder sustentar uma experiência criativa do paciente, uma experiência que se desenvolve dentro de uma certa continuidade do espaço-tempo e que funda uma nova forma de viver como brincar. Como o brincar é uma sutileza - um espaço que fica entre o subjetivo e o objetivo -, sua precariedade deve ser considerada. O analista compreenderá que seu trabalho tem a ver com a sustentação desse brincar do paciente, que se dá em um espaço e um tempo construídos transferencialmente.

Nesse ponto, Winnicott coloca em questão uma interpretação fora do tempo. O *setting* - visto como um instrumento fundamental do processo analítico - sustenta o brincar, que pode levar o paciente à experiência de surpreender-se durante a sessão. Uma interpretação fora de hora pode ser vivida como mera inculcação que gera a submissão do paciente[4]. Muita resistência a uma interpretação extemporânea poderia ser evitada caso se considerasse a sessão uma experiência de superposição do brincar comum analista-paciente.

O verdadeiro brincar infantil - que não é *fake*[5] ou um brincar fingido, artificial e desimplicado - aparece com preocupação e compromisso com os elementos da brincadeira. Há uma adesão à brincadeira e uma resistência a sair dela, ainda que a criança não confunda o brincar e seu poder imaginativo com a realidade socialmente aceita. Na sessão, ocorre a mesma coisa: se não houver uma adesão do paciente e do analista àquele espaço e tempo fora do espaço e tempo comuns, então não há *brincadeira*. Ambos têm de entrar nesse espaço potencial, diferente do espaço-tempo do senso comum. Ambos têm de entrar nesse espaço imagético, portador de poder de transformação e brincar. O desafio é brincar com a realidade subjetiva de ambos (paciente e analista), que se presentifica ali mesmo na sessão, de um modo tão concreto, que se pode quase tocar. Nesse espaço potencial, o interno se torna externo e o tempo antigo e a expectativa do futuro se tornam presentes. Não há mais uma distinção clara entre o que está fora e o que está dentro. Trata-se de um espaço-tempo-teatro onde se vive, cria-se, sofre-se e alegra-se a dupla paciente-analista, numa dramatização que só tem valor se for investida de afeto e sustentada como se essa *brincadeira* fosse tão real quanto a realidade socialmente construída.

O paciente traz para a sessão-espaço-de-brincadeira elementos de experiências oriundas da realidade socialmente sustentada e os usa como elementos de

---

4 O capítulo "Psicopatologia e o viver criativo", neste livro, procura destacar como a submissão é um índice de declínio ou falência da experiência criativa. Afirmo nele que uma forma não criativa de lidar com a realidade é a submissão. Ao invés de impregnar o mundo com um olhar e uma ação próprios, o que pode aparecer é uma experiência de submissão que traz consigo um sentido de inutilidade e uma noção de que nada realmente importa. O viver não criativo manifesta-se neste caso em pessoas firmemente ancoradas na realidade, mas doentes no sentido de que perderam o contato com o mundo subjetivo e com a aproximação criativa dos fatos. A ideia de uma vida submissa é descrita em Winnicott com o auxílio do conceito de um eu com um falso self, com uma falsa personalidade. É uma ideia que tem origem em Freud, quando este destaca que o eu pode estar orientado para o exterior e relacionamentos com o mundo em detrimento do contato com a sexualidade. Winnicott destaca uma sobreadaptação egoica. O eu está tão aterrorizado com as demandas do id que se afasta de todas as suas excitações; o eu se torna incapaz de incorporar as excitações, que são vividas de modo traumático. Nesse sentido, o eu é incapaz de sustentar os riscos envolvidos e as frustrações necessárias no caminho de poder experimentar a satisfação do id.

5 Palavra inglesa que expressa a ideia daquilo que parece mas não é.

enriquecimento e transformação no campo transicional, com efeitos no mundo interno. A sessão - sem que haja alucinação - vira um espaço de passagem entre o mundo interno e o mundo externo, com duplo sentido, com potencial de criar ou recriar a transicionalidade infantil. Há interpretação dos fatos externos e internos e até uma manipulação deles partindo da experiência criada na sessão; pode haver, por exemplo, uma impregnação com sentidos oníricos de experiências ocorridas na realidade social.

Tal brincar na sessão certamente envolve o corpo. A excitação está presente. Contudo, quando a excitação chega a um nível tal, pode afetar a brincadeira e até a integridade do eu do paciente. A sedução do analista, por exemplo, pode ter esse efeito desastroso, impedindo o verdadeiro brincar. A excitação deve ser mantida abaixo do ponto onde esta demande uma gratificação física. Se a excitação sobe e não é gratificada fisicamente, ocorre a frustração, com toda sorte de desorientação que a acompanha. Há a possibilidade, também, de se buscar uma gratificação deslocada, com reações de violência e agressividade. Nesse ponto, não se pode mais sustentar a sessão, e o brincar atinge seu ponto de saturação. Mas enquanto o brincar ocorre, aparece um elemento legitimamente prazeroso. O brincar é, resumindo, excitante e precário ao mesmo tempo. A excitação e a angústia devem ser mantidas em níveis tais que não destruam pela sua intensidade a possibilidade sempre precária de brincar - uma possibilidade delicada de jogar com os universos todos da experiência do indivíduo.

Espaços não convencionais

Winnicott diz explicitamente na introdução de *O brincar & a realidade* (Winnicott, 1975) que está falando de um paradoxo quanto trata de fenômenos transicionais e espaços potenciais[6]. Ele apela contra o intelectualismo:

> Minha contribuição é solicitar que o paradoxo seja aceito, tolerado e respeitado, e não que seja resolvido. Pela fuga para o funcionamento

6 Ainda sobre a noção de espacialidade em *O brincar & a realidade*, conferir os capítulos "A localização da experiência cultural" e "O lugar em que vivemos", não estudados neste capítulo.

> em nível puramente intelectual, é possível solucioná-lo, mas o preço disso é a perda do valor do próprio paradoxo (Winnicott, 1975, p. 10).

O desrespeito para com o paradoxo pode ser concretizado apegando-se a uma lógica formal clássica, exigindo-se que um objeto esteja dentro ou fora, que o tempo seja o presente ou o passado ou o futuro. Como se não fosse possível pensar com lógicas de outro tipo - é o caso das lógicas inclusivas. O que está em jogo no pensamento de Winnicott é uma temporalidade e uma espacialidade não convencionais. É preciso tolerar o paradoxo que seu pensamento introduz.

Para a lógica clássica, entre o sim e o não, não há uma terceira hipótese. É o chamado princípio do terceiro excluído (algo ou é ou não é). Um forte abalo a esse princípio, contudo, tem sido produzido pelas ciências naturais, em particular pela física do século XX. Um exemplo desse abalo foi produzido pela física da luz, a qual assevera que a luz pode ser entendida como um fenômeno ondulatório e como um fenômeno corpuscular, ao mesmo tempo. Não se pode exigir que a física faça uma opção excludente sobre a natureza da luz: esta seria ondulatória e se propaga de forma contínua, ou a luz é feita de partículas, portanto se propaga de forma discreta? A resposta não pode ser dada aderida ao princípio do terceiro excluído. A luz é ondulatória e corpuscular simultaneamente. Há evidências que confirmam as duas direções.

A noção de espaço que Winnicott introduz está imersa em um paradoxo do ponto de vista de uma lógica clássica. Enquanto a realidade psíquica proposta por Freud tem uma localização dentro do corpo, é intrapsíquica; enquanto a realidade externa está localizada nas tramas sociais intersubjetivas, Winnicott quer falar de um espaço que fica *entre*, um espaço que não pode ser localizado pela lógica do terceiro excluído, segundo a qual ou seria intrapsíquico ou intersubjetivo. O espaço winnicottiano abrange os dois, está lá e cá. Winnicott diz claramente que não pretende questionar a noção de espaço interno e espaço externo de Freud. A ideia de Winnicott é complementar a essa noção, acrescentando esse espaço especial que fica fora e dentro ao mesmo tempo, espaço construído pelo bebê e a mãe e recriado na relação analítica.

Freud certamente introduz noções de espacialidade e também de temporalidade que são revolucionárias. A noção de espacialidade aparece, por exemplo, pela ideia de *níveis* mais profundos ou menos profundos na mente humana. Como falar do desejo no sonho e o desejo de dormir, senão apelando para a ideia de que estão em níveis diferentes? Para Freud, o desejo de dormir está no pré-consciente, mais superficial. O desejo, ou pensamento do sonho está no inconsciente, mais profundo. A tópica ajuda a repartir de modo figurado os graus de profundidade do desejo: desde os mais superficiais, mais próximos da consciência, até os mais profundos, que têm origem na infância. É bom lembrar que Freud tomou alguns cuidados para atenuar essa noção de espacialidade, para evitar que ela fosse tomada fisicamente. Foi por isso que valorizou o papel orientado da tópica: para frente e para trás, direção progressiva ou regressiva.

Freud introduz também em sua tópica a noção de tempo. O sonho é um fragmento da vida psíquica infantil. Ele expressa uma nostalgia de um estágio do desenvolvimento humano quando o desejo é satisfeito alucinatoriamente. Seu aparelho psíquico, portanto, tem espacialidade, temporalidade e também força e conflito.

Faz parte do pensamento freudiano tratar de um modo novo a relação entre o que está dentro - a realidade psíquica - e o que está fora - a realidade social. O aparelho psíquico pensado no ambiente da cultura aparece explicitamente na segunda tópica, mas Freud leva em conta o outro e a cultura desde sempre. A situação transferencial da terapia e a trama edípica, marcos tão fortes dos inícios da psicanálise, não podem ser pensados de um enfoque solipsista, nem tampouco nasceram com a segunda tópica. De fato, o pensamento de Freud coloca exatamente em xeque a noção estanque de *interior* e de *exterior* da psique, tão comum em psicologia. Para ele, não há uma condição *social* estudada pela sociologia e uma condição *interna* da psique estudada pela psicanálise. O ganho teórico do pensamento freudiano é exatamente este: falar de uma psique sempre em situação social. A cultura é decisiva no funcionamento da mente humana.

É importante valorizar as noções de espacialidade e temporalidade em Freud. Isso não significa que essas noções não possam ser sofisticadas, apelando-se para recursos que não estavam disponíveis a Freud. A espacialidade winnicottiana vai um pouco além da espacialidade freudiana quando propõe um espaço de objetos que estão dentro e fora ao mesmo tempo. Propõe uma área transicional, em que aparecem representações que estão no limite entre o interno e o externo, onde há objetos que estão em transição, objetos que estavam dentro e agora estão passando lentamente para fora. Esse é o caso da mãe - um objeto em transição para o bebê.

Uma transicionalidade que talvez merecesse ser mencionada aqui é a transicionalidade de que fala a física quântica, porque também obedece a uma lógica não clássica. O conceito quântico pressupõe que só alguns níveis energéticos são possíveis no mundo subatômico, já que a energia chega em pacotes mínimos e, portanto, *salta* de um valor para o outro. Quando um elétron muda de nível energético, tudo se passa como se ele desaparecesse de um nível e reaparecesse em outro. O espaço é, portanto, descontínuo e o tempo também; na física quântica há uma transição de um nível energético a outro, que rompe com a noção clássica de espaço. A lógica envolvida não segue uma lógica convencional – trata-se, na verdade, de uma transição com uma espacialidade não convencional, como a proposta por Winnicott.

Poderíamos seguir fornecendo exemplos na física contemporânea que nos incentivam a pensar uma espacialidade e temporalidade não convencionais. Os recursos lógicos e matemáticos para um pensamento assim estão disponíveis. Estaríamos entrando no que o filósofo francês Merleau-Ponty chamou *razão alargada*, ou seja, uma razão na qual a racionalidade permitisse e não atrapalhasse pensar o mundo como ele é visto pela ciência atual[7]. Esse alargamento nos livra de uma visão que pode se tornar, em nome mesmo da fidelidade à ciência, estreita, autoritária, ideológica, por vezes etnocêntrica. A física vai dando exemplos de como alguns rompimentos epistemológicos cuidadosos são necessários ao avanço da própria ciência. Nesse sentido, Freud foi capaz de renunciar aos princípios quantitativos de seu *Projeto para uma psicologia científica*, de 1895, e introduzir claramente uma explicação psíquica para o funcionamento mental. Destacamos agora os avanços promovidos por Winnicott, que ainda aguardam e merecem estudos e formulações que deem conta de sua grandeza do ponto de vista da epistemologia e da filosofia da ciência.

Para encerrar esta sessão, lembramos que a noção de espaço introduzida por Winnicott talvez pudesse ser tratada como uma noção de espaço não euclidiano. Nossa noção convencional de espaço está em grande medida baseada no pensamento do matemático grego Euclides, que viveu em torno de 300 a.C. Sua geometria é tal que coincide com nossa experiência com o mundo físico com dimensões de mesma ordem de grandeza que as dimensões de nosso corpo. Muitas experiências da física das partículas ou da cosmologia contrariam, no entanto, a intuição que desenvolvemos no mundo com dimensões parecidas com as de nosso corpo. Nesses

---

7 Ver comentário de Marilena Chauí sobre o assunto em *Convite à filosofia* (1994, p. 63).

espaços imensos ou ínfimos, comparados com o tamanho do nosso corpo, frequentemente a geometria euclidiana não funciona. Matemáticos de renome vêm desenvolvendo geometrias ditas não euclidianas consistentes – é bom destacar –, que dão conta de fenômenos que não podem ser antecipados pela geometria euclidiana[8].

Tudo isso para dizer que o paradoxo mencionado por Winnicott não teria o condão de assustar pensadores contemporâneos da ciência, profissionais prontos a se relacionar com espacialidades não euclidianas e temporalidades não convencionais. O espaço potencial de Winnicott poderia talvez ser descrito por uma matemática não euclidiana, que permitisse uma lógica de pertença não excludente: dentro e fora, ao mesmo tempo[9].

O BRINCAR E A BUSCA DO SELF

O brincar é essencial, diz Winnicott, porque é por meio do brincar que se manifesta a criatividade (Winnicott, 1975, p. 80). No espaço potencial, o paciente pode mobilizar todos os recursos disponíveis em sua personalidade. A criação não pode ser feita apenas com disciplina; ela se manifesta em um espaço propriamente criativo. A grande obra de criação de que estamos falando, seguindo o pensamento de Winnicott, é o próprio eu – ou self[10]. Trata-se de um trabalho que se faz quando se

---

8 Um raio de luz seria na física o que mais perto há de uma reta. Considere-se, por exemplo, dois raios de luz ortogonais a um plano. Pela geometria euclidiana, estes não podem se encontrar nunca. Se as indicações são que, devido à presença da matéria, os raios de luz efetivamente convergem ou divergem, então geometrias elípticas ou hiperbólicas são necessárias. Para citar apenas um nome, menciono o matemático russo Lobatschewsky (1793-1856), que desenvolveu uma geometria hiperbólica inteiramente consistente. De fato, a geometria desse matemático russo tem sido considerada para a descrição de fenômenos astronômicos (Coxeter, 1957).

9 Conferir Rezende e Gerber (2001).

10 Winnicott sustenta uma distinção entre self e eu. O termo self apresenta-se essencialmente em forma de uma descrição de como o indivíduo se sente subjetivamente. O self aponta para a personalidade total e para a experiência de "sentir-se real". Em termos de desenvolvimento, o self tem sua origem como potencial do recém-nascido; a partir de um ambiente suficientemente bom, desdobra-se um self total, isto é, uma pessoa capaz de estabelecer a distinção entre eu e não eu. Uma distinção importante é aquela entre um falso self, defensivo, organizado para atender demandas do social, artificial, e um verdadeiro self, de onde surge uma vida espontânea e criativa e as ideias propriamente pessoais.

permite um jogo de brincadeiras, de contrastes, de associações de partes que antes estavam dissociadas. O eu é ao mesmo tempo descoberto e construído - esse trabalho só pode se dar plenamente no ambiente da brincadeira. Quando o ambiente não é o da brincadeira no sentido que Winnicott está propondo, o paciente - adulto e criança - não pode mobilizar seu eu integral. No ambiente criativo e experimentativo da brincadeira é que é possível a manifestação de todas as partes do eu, não apenas do paciente, mas do analista também. De outro modo, o que se tem é uma comunicação falsa e artificial, autoritária ou, simplesmente, a comunicação não existe. A verdadeira comunicação se dá nesse ambiente de brincadeira, uma comunicação profunda sem ser direta.

Na busca do próprio eu, os pacientes podem estar procurando se encontrar por seus atos e trabalho. Esse tipo de busca - pensa Winnicott - equivale à do bebê que procura construir algo partindo de suas próprias fezes. Trata-se de uma busca inútil. Esse esforço obsessivo, esse tipo de criatividade, não serve para encontrar o próprio eu. O self não pode ser encontrado a partir de produções corporais ou mentais, ainda que essas produções possam ter valor. O que se pode dizer é que se uma pessoa pretende encontrar o eu a partir de sua produção, trata-se de alguém que já tem um nível rebaixado em sua criatividade. A produção nunca compensa a falta subjacente do sentimento de eu ou self.

Nesse caso, o paciente precisa de uma nova experiência - uma experiência de um estado não intencional. O paciente posto na luta por produção e criatividade - sempre orientado por uma intencionalidade - precisa, ao contrário, de um estado de interação livre, de personalidade não integrada. Trata-se de um estado de amorfia. Essa experiência de não intencionalidade só se dá no ambiente de confiança, o qual um ambiente suficientemente bom propicia. Corpo e mente relaxam na não intencionalidade. Nessa seção, permite-se a liberdade de expressão, mesmo que esta se expresse em um fluxo de pensamentos sem ligação. As conexões podem estar sendo feitas onde há ansiedade e defesa. Cabe ao analista aceitar esse fluxo desconexo com naturalidade, sem forçar qualquer conexão artificial, sem tentar encontrar um fio condutor na fala do paciente. Quando o analista tenta encontrar sentido onde não há sentido, de fato ele está perdendo uma oportunidade de acolher seu paciente e deixá-lo experimentar o repouso. O resultado é a desastrosa perda de confiança do paciente. A criatividade de que fala Winnicott, que descobre e cria o eu, nasce de um estado sem demanda por criatividade.

Resumidamente, podemos dizer que o relaxamento que nasce de experiências de confiança é a base para a atividade criativa que se manifesta na brincadeira. A soma dessas muitas experiências de relaxamento e criação é que permite a formação de um sentimento verdadeiro de self. É no brincar e talvez apenas no brincar que a criança e o adulto experimentam liberdade suficiente para criar e criar-se. É um espaço potencial, ou seja, um espaço onde toda a potência do indivíduo se mobiliza em busca de uma concretização não obsessiva.

A noção de psicopatologia de Winnicott

Quando Winnicott propõe uma sessão analítica aproximada do brincar, feita em um ambiente de confiança e relaxamento e que visa a descoberta e a construção do eu, ele faz isso de um modo que sustenta uma certa posição sobre psicopatologia. Estamos diante de uma visão radical que entende que todos estamos imersos na psicopatologia e na saúde ao mesmo tempo: "É importante para nós *não* encontrarmos clinicamente *qualquer linha nítida* entre a saúde e o estado esquizoide ou mesmo entre a saúde e a esquizofrenia plenamente desenvolvida" (Winnicott, 1975, p. 96).

As pessoas consideradas pela psiquiatria como doentes podem manifestar índices de saúde: "É possível a uma pessoa esquizoide ou esquizofrênica levar uma vida satisfatória e mesmo realizar um trabalho de valor excepcional" (Winnicott, 1975, p. 97). E, por outro lado, pessoas tidas como saudáveis podem estar de fato doentes, profundamente doentes:

> Pode-se afirmar que existem pessoas tão firmemente ancoradas na realidade objetivamente percebida que estão doentes no sentido oposto [ao do esquizoide ou esquizofrênico que têm um sentido débil da realidade], dada a sua perda do contato com o mundo subjetivo e com a abordagem criativa dos fatos[11] (Winnicott, 1975, p. 97).

11 Conferir sobre este assunto Ferraz (2002).

Quando propõe o acolhimento do paciente em toda a sua patologia, em toda a sua loucura, quando propõe eliminar toda compulsão organizativa da sessão, expressa uma aceitação da condição inescapavelmente pática[12] da experiência humana. A ideia é que o analista não tenha medo do pático no paciente e em si mesmo. Pelo contrário, há um convite à presentificação do paciente e do analista em toda a sua realidade e experiência, sem restrição, sem qualquer compulsão saneadora. É preciso deixar o estado desintegrado do paciente aparecer e se manifestar. Esse acolhimento da loucura de cada um - inclusive a do analista -, da condição psicopatológica fundamental[13] de cada um, é a condição mesma da relação analítica amadurecida, não invasiva, respeitosa, em que se pode aprender com a doença, na linguagem de Berlinck (2000, p. 7), ou em que se pode criar a partir da doença, na linguagem de Winnicott.

O que entra em circulação é uma experiência de aprendizado com a loucura e com a morte - dados da experiência de cada um. A negação da loucura só faz produzir uma enorme quantidade de sintomas, que nascem da incapacidade de suportar esse lugar de instabilidade e insegurança que é o lugar próprio do humano. Quando se pode aceitar a condição incompleta, não divina, dependente, vulnerável, da experiência humana, pode-se aprender com ela. Para Winnicott, a criatividade nascerá exatamente da psicopatologia. Nele, há uma visão que busca acatar a condição que cria a partir da miséria humana, que funda um mundo e um espaço de vivência relativamente confortáveis, sendo que parte do conforto vem da sensação de desistência de ser o ser total, o ser da completude.

A psicopatologia fundamental tem a ver com a descoberta de que nossa experiência psíquica é sempre sofrida. Tem a ver com a construção de uma visão

---

12 Usamos os termos pático e pática neste fim de trabalho de modo livre, não como devasso ou libertino. A condição pática mencionada refere-se à dor e ao sofrimento psíquico. Trata-se de uma adaptação do grego *pathos* (παθοσ), de onde vem a palavra em português paixão, patético e patológico também. O derivado *pathetos* (παθητοs) quer dizer "aquele que tem capacidade de sofrer".

13 A noção de *psicopatologia fundamental* tem a ver com a obra do psicanalista francês Pierre Fédida da Universidade Paris 7, falecido em 2002. No Brasil, o psicanalista Manoel Tosta Berlinck tem se destacado pela difusão da noção. A expressão distingue-se da psicopatologia geral criada por Jaspers, que visa a uma objetivação das doenças mentais conhecidas. A psicopatologia fundamental visa resgatar a dimensão propriamente subjetiva e singular do sofrimento humano. Todo humano é atingido por esse excesso que a vida traz e o torna um paciente. A experiência de sofrimento pode eventualmente ser transformada em uma experiência criativa e criadora no contato com o outro.

singular dessa dor de cada um, uma singularidade ligada à história do desejo e da frustração do desejo de cada um. Tem a ver com a aceitação criativa, não resignada, não submissa dessa experiência de sofrimento e dor; está ligada à história de cada um que permite a fundação de si. A análise poderá ser um espaço de experiência e de criação de si, em que se aprende com a própria dor e se aprende a desistir de não sofrer.

Conclusão

A experiência com pacientes e consigo mesmo indica que pouco adianta adaptar-se submissamente ao mundo socialmente construído e não ter o desfrute de viver. O brincar criativo é um modo de se enfrentar, acompanhado da realidade que valoriza essa alegria de estar vivo. Diante de um cansaço de sujeição, o brincar com a realidade se apresenta como a possibilidade de criar, de colocar um tom pessoal na experiência, de rearranjar campos. Não apenas desmontar a pretensão narcísica, mas impregnar a realidade com o desejo. A submissão poderá nos transformar em normopáticos na expressão apresentada por Flávio Ferraz, normopáticos marcados por defesas diante das próprias possibilidades e pelo medo que apenas visa a minimização dos riscos. A realidade não será só tema de sujeição, mas de criação.

Há uma análise tão protegida por um *setting* rigoroso que apenas reforça as defesas do analista e do paciente. Há segurança tão firme para ambos, que impossibilita o acolhimento radical da loucura – uma visão do sofrimento e da patologia humana incongruente com o pensamento e a prática clínica de Winnicott. Para ele, o analista se abstém do autoritarismo e da doutrinação e permite uma fruição mesmo desorganizada da sessão. O analista entrega-se ao que está acontecendo. A análise é uma experiência para o paciente *e* para o analista. Se não for possível experimentar esse estado de relaxamento, essa condição de aprendizado ativamente passiva, ativamente expectante, de fato não há aprendizado nenhum: o analista não aprende, o paciente tampouco.

Winnicott relata o tratamento de uma paciente (Winnicott, 1975, p. 83-93), no qual permanece frequentemente em silêncio, não oferece nenhuma interpretação. A recompensa por essa retenção de interpretação é o fato de que a própria paciente faz a interpretação que o analista pensara. Nesse caso, o analista trabalha pela não ação e pela espera, evita qualquer atropelamento do ritmo do paciente. O processo não é apenas ativo, não acontece apenas agindo. A ação, aliás, é marca da vida contemporânea, uma marca não raro ensandecida. O aprendizado vem também silenciando, deixando passar, permitindo que o paciente se desarranje, se desorganize. O self verdadeiro constrói-se aí, onde não é tão necessária a defesa. É apenas em um estado não integrado que o criativo pode aparecer, emergir.

A sessão winnicottiana é um espaço de desfrute, um espaço lúdico, prazeroso. Um espaço partilhado por analista e paciente, que invade o mundo interno de ambos sem que se tenha uma consciência plena do que está ocorrendo. Esse espaço é curativo exatamente por isso, porque o analista não é um objeto externo ao paciente - o que causaria pouco impacto sobre ele -, tampouco é um objeto de seu espaço interno - o que seria apenas a experiência com este.

Brincar e criar são sobretudo um modo do analista se portar diante de seu paciente, esperando que ele mesmo possa brincar e criar com, e por meio de sua patologia, aprender com ela e a partir dela. Nesse caso, não há uma recusa da condição pática humana, recusa marcada pelo comportamento defensivo. O analista aceita a patologia, aceita o caos, e espera do paciente o brincar criativo. Não busca coerência onde ela não existe, não organiza precipitadamente. A vivência desprotegida da sessão pensada próxima ao brincar promove o encontro e promove o encontro de si mesmo, do self verdadeiro, na expressão winnicottiana.

Referências

ABRAM, J. *A linguagem de Winnicott: dicionário de palavras e expressões utilizadas por Donald W. Winnicott*. Rio de Janeiro: Revinter, 2000.

BERLINCK, M. T. *Psicopatologia fundamental*. São Paulo: Escuta, 2000.

COXETER, H. S. M. *Non-Euclidean Geometry*. 3. ed. Londres: Oxford University Press, 1957.

CHAUÍ, M. *Convite à filosofia*. São Paulo: Ática, 1994.

FÉDIDA, P. *Clínica psicanalítica: estudos*. Tradução de C. Berliner et al. São Paulo: Escuta, 1988.

FERRAZ, F. C. *Normopatia. Clínica psicanalítica*. São Paulo: Casa do Psicólogo, 2002.

FREUD, S. (1950 [1895]) *Projeto para uma psicologia científica. Edição standard brasileira das obras psicológicas completas de Sigmund Freud*. Rio de Janeiro: Imago, 1996. v. I.

GURFINKEL, D. *Do sonho ao trauma: psicossoma e adições*. São Paulo: Casa do Psicólogo, 2001.

LAPLANCHE, J.; PONTALIS, T. *Vocabulário da psicanálise*. São Paulo: Martins Fontes, 1997.

MACEDO, H. O. *Do amor ao pensamento. A psicanálise, a criação da criança e D. W. Winnicott*. São Paulo: Via Lettera, 1999.

______. "Entrevista concedida a M. E. Costa Pereira". *Revista Latinoamericana de Psicopatologia Fundamental*. São Paulo: Escuta, v. IV, n. 4, p. 138-147, dez. 2001.

OUTEIRAL, J. O.; GRANA, R. B. *Donald W. Winnicott: estudos*. Porto Alegre: Artes Médicas, 1991.

REZENDE, A. M.; GERBER, I. *A psicanálise "atual" na interface das "novas" ciências*. São Paulo: Via Lettera, 2001.

WINNICOTT, D. W. *O brincar e a realidade*. Tradução de J. O. A. Abreu e V. Nobre. Rio de Janeiro: Imago, 1975.

______. *O ambiente e os processos de maturação. Estudos sobre a teoria do desenvolvimento emocional*. Tradução de I. C. S. Ortiz. Porto Alegre: Artmed, 1983.

______. *Natureza humana.* Tradução de D. L. Bogomoletz. Rio de Janeiro: Imago, 1990.

______. *Tudo começa em casa.* Tradução de P. Sandler. São Paulo: Martins Fontes, 1999.

______. *A família e o desenvolvimento individual.* Tradução de M. B. Cipolla. São Paulo: Martins Fontes, 2001.

A CRIATIVIDADE NA CLÍNICA PSICANALÍTICA[1]

Sérgio de Gouvêa Franco

> *Estou tentando referir-me aos elementos essenciais que tornam possível o relaxamento... No relaxamento próprio à confiança [...] há lugar para ideias de sequências de pensamento aparentemente desconexas [...], as quais o analista fará bem em aceitar como tais.*
> *(Winnicott, 1975, p. 81-82)*

Introdução

Há uma linda exposição de Winnicott de 1949 que poderia ser intitulada "A mãe que amamenta" (Winnicott, 1982). O texto sutil e delicado compara o amamentar de um recém-nascido por uma enfermeira, em uma instituição, e o amamentar de uma mãe encantada com seu filho. A diferença destacada é a aptidão da mãe em se colocar no lugar do bebê e captar seu sentimento. A mãe adapta-se quase perfeitamente às necessidades do recém-nascido. Enquanto isso, a enfermeira, bem-intencionada, é obrigada a correr daqui para lá para atender aos bebês que choram. A instituição em que trabalha pode ser bela, bem organizada, o ambiente pode ser agradável, mas há coisas demais para ela fazer... O bebê é arrumado sobre o berço, a mamadeira de leite é colocada sobre o travesseiro e o bico chega à sua boca. Ele suga estimulado pela fome, o leite entra agradável em sua boca. Mas, nesse ponto, a enfermeira já foi embora e as coisas começam a não se passar tão

1 Este capítulo foi originalmente publicado em forma de artigo no seguinte periódico: *Pulsional Revista de Psicanálise*, ano XVII, n. 178, p. 34-40, jun. 2004.

bem: o bico fica colado à boca, parado, não sai, não entra. Se o bebê quer respirar, o bico de borracha não sai; o bebê é obrigado a respirar com a boca cheia. Não há sequer um ligeiro descanso; aos poucos o bico se transforma em ameaça. O bebê chora, se debate no berço e a mamadeira cai - um enorme alívio: aquela imensidão sai da sua boca. O alívio, no entanto, é passageiro, porque ele ainda está com fome. A mamadeira se foi e não volta, ele não tem o que sugar. Chora outra vez. A enfermeira retorna, recoloca a mamadeira em sua boca e o processo recomeça. Agora, no entanto, a mamadeira não é tão agradável como antes, o bebê já sabe que, além de leite, a mamadeira também traz a ameaça.

A mãe, por sua vez, amamenta seu filho em casa. Ela está disponível, acomoda seu bebê no colo, amamenta-o ao seio. As mãos do bebê ficam livres e ele pode tocar e sentir a textura da pele e seu calor enquanto recebe o seio. A distância entre o seio e a boca pode ser facilmente regulada. A mãe deixa a face do bebê tocar o seio. Os bebês não distinguem os seios da face, não sabem a origem do conforto. Bochecha e seio se tocam em um íntimo contato. São sensações vivas, intensas, decisivas para o bebê. A mãe acolhe seu filho com calma, sem angústia. Esse é o enquadre. Ela está presente realmente, não apenas finge estar presente. Não tem ideias preconcebidas do que vai acontecer. Desfruta do encontro, e em algum instante o bebê toma em sua boca o mamilo.

A experiência com o mamilo dá ideias ao bebê. Ele começa a imaginar que há algo lá fora que vale a pena. A saliva pode começar a escorrer. A mãe permite ao bebê construir imaginariamente a própria coisa que ela oferece. Ele coloca o mamilo em sua boca, busca a raiz do mamilo, morde-o e suga-o. Quando ele quer parar, basta se afastar do seio. Se ele se desinteressa do mamilo, a ideia de seio se dissipa. O bebê faz contato, depois ele se cansa e se afasta. Esse ponto é importante porque, diferentemente da experiência do bebê em uma instituição, quando ele se desinteressa do mamilo, ele não tem um objeto colocado em sua boca de modo forçado. A mãe compreende o que o bebê sente, ela espera. Daqui a pouco, o bebê se vira e toma o seio em sua boca outra vez. Um novo contato é estabelecido espontaneamente. O bebê se alimenta não de um objeto que tem leite, mas de uma pessoa e de um relacionamento.

A criatividade original

Tomo tais descrições da amamentação como ponto de partida porque Winnicott pensava a criatividade exatamente a partir do relacionamento entre a mãe e seu filho que acaba de nascer. Seria interessante pensar onde há continuidade e onde há descontinuidade entre o pensamento e as práticas de Freud e o pensamento e as práticas de Winnicott. Seria também bem interessante pensar o trajeto teórico-clínico que começa em Freud e chega a Winnicott, passando por Karl Abraham, Melanie Klein e talvez por tantos outros. Se tomamos Winnicott como referência, então, para pensar a criatividade na clínica psicanalítica, precisamos nos haver com aquilo que ele chamou de *criatividade primária*, ou seja, a experiência do recém-nascido de criar o mundo ao seu redor.

No começo, a mãe adapta-se de tal modo às necessidades e à dinâmica do bebê, que este tem a ilusão de que o seio materno está sob seu controle, o seio pertence a ele. A onipotência é sua experiência. O bebê cria o seio materno imaginariamente. Ele o cria tantas vezes quanto queira. E cada vez que quer, o seio está lá sendo oferecido pela mãe exatamente onde e quando o bebê o cria. É a capacidade de sintonia da mãe que permite que o bebê tenha a sensação de estar criando o seio. Então, em Winnicott, a criatividade tem raízes na ilusão onipotente do bebê, que se percebe criando o seio e o mundo a seu redor. Graças aos cuidados da mãe, o bebê sente que é ele que cria os objetos que lhe são oferecidos.

O viver criativo

Se seguimos essa estrada, a criatividade na vida adulta e a criatividade na clínica devem ser pensadas a partir do relacionamento primordial mãe e filho recém-nascido.

O que sabemos é que, aos poucos, à medida que o bebê cresce, a mãe vai se discriminando do bebê e deixando de promover essa adaptação tão completa e perfeita às necessidades de seu filho. Aos poucos, o bebê vai descobrindo que o mundo existe antes e apesar de suas necessidades. Quando ele tem uma boa experiência de onipotência no início da vida, suporta mais tarde a frustração de sair do centro do mundo. Como um dia achou que criou o mundo, conseguirá aceitar depois que o mundo já estava lá antes dele. Trata-se do árduo trabalho rumo à realidade. Se tudo der certo, o bebê fará a passagem de um mundo subjetivamente concebido para a realidade objetivamente percebida e socialmente construída.

Precisamos compreender que a noção de criatividade que Winnicott introduz não está primeiro ligada às artes, mas trata-se de *uma criatividade na vida*. O que Winnicott destaca é a vida que é vivida de modo criativo. A marca dessa vida criativa não corresponde a belos quadros ou belos textos; a marca é uma sensação interior. O que está em pauta é a natureza das primeiras experiências que capacitam (ou não) o desfrute de estar vivo. A criatividade tem relação com uma capacidade que aparece na primeira infância e que pode ser mantida a vida toda: a capacidade de criar o mundo onde se vive. O bebê – tendo as condições razoavelmente boas – cria o mundo ao seu redor e não se dá conta de que esse mundo já estava lá antes de tê-lo criado.

O viver criativo nasce da sensação de estarmos vivos e de sermos nós mesmos. Trata-se de um estado de espírito que é o reverso do espírito depressivo esquizoide. Ao invés de tudo parecer sem graça e sem força, prevalece o sentimento de que a vida vale a pena. O viver criativo não demanda nenhum talento especial como a criação nas artes. O viver criativo tem a ver com a noção da presença do que mais nos caracteriza como humanos: a impregnação da realidade com nosso toque pessoal.

A imaginação ocupa um lugar fundamental nessa experiência. É necessário realçar o valor da projeção, da introjeção e o lugar da identificação. O que está em jogo é a capacidade de alucinar aquilo que está bem à frente. Criar o que já existe. Trata-se de uma capacidade que aparece na vida adulta e que tem origem na infância: a capacidade de encontrar na realidade o que se está criando. A experiência feliz com a mãe é a base da capacidade de criar o que já existe, na infância e na vida adulta.

Quando a criança não tem a suficiente experiência com a onipotência, terá de exacerbar a onipotência na vida adulta. Aparece uma falsa criatividade e um controle manipulativo da situação. A vida fútil é a vida em que essa capacidade criativa não pode ser recuperada na vida adulta. Não se trata tanto do que se faz, mas se o que se está fazendo carrega ou não um toque original. A pessoa criativa pode fazer criativamente qualquer coisa. A marca da criatividade é a sensação de que há algo novo e inesperado no ar. O contrário é a vida entediante e, finalmente, sem sentido. O viver criativo tem a ver com viver uma vida própria em que o princípio da realidade não é sentido como totalmente castrador.

A CRIATIVIDADE NA CLÍNICA PSICANALÍTICA

Logo, a criatividade na clínica não tem nada a ver com invencionices da parte do analista, criatividades técnicas que desbordem em esquisitices, nem tampouco tem relação com uma ação que vise a transformar nossos pacientes em artistas ou literatos de renome. A criatividade na clínica tem a ver com um esforço paciente, frequentemente silencioso do analista para recuperar ao menos em parte essa capacidade de o paciente impregnar sua vida com um toque próprio.

Quando o paciente está tão alienado, quando constrói um mundo de defesas de forma que sua personalidade pública é completamente falsa, então cabe ao analista tomar as sutilezas da relação mãe-bebê como referência para o tratamento. Em casos graves, por vezes, o analista é chamado a uma adaptação a seu paciente que se assemelha à adaptação que a mãe faz ao recém-nascido. São pacientes que jamais experimentaram um ambiente sintônico às suas necessidades e criaram defesas poderosíssimas, às vezes maníacas. Os ataques contra o analista podem ser enormes; suportar e sobreviver a esses ataques pode ser a única coisa possível a fazer, até que um campo mínimo de confiança se estabeleça.

Por isso, uma interpretação fora de tempo fica questionada. Ela pode ser vivida pelo paciente como uma invasão, como uma mamadeira enfiada na boca fora de hora. Uma atitude como essa é inútil, quando não desastrosa, gerando perda de confiança. A interpretação só pode ser oferecida quando o paciente está pronto para recebê-la, quando o paciente está pronto a criá-la. Nesse caso, o paciente acredita que foi ele mesmo quem criou a interpretação. Na verdade, não foi tampouco o analista quem criou a interpretação - essa seria a ilusão do analista. A interpretação é uma criação da dupla analista-paciente. Assim é que o analista oferece a interpretação, exatamente no momento que o paciente está pronto a criá-la. O analista espera o paciente como a mãe espera que seu bebê tome o mamilo. Se o analista força a interpretação, pode gerar revolta ou submissão. A submissão é exatamente do que o paciente não precisa, porque muitos deles já vivem sua vida assim: como uma renúncia de qualquer positividade. Para combater a experiência de submetimento, de carga, o analista espera. Espera que o paciente vire sua boca na direção do seio e crie a ação de seu analista. Assim não se dá a invasão. Se o paciente, pelo contrário, vive a ação do analista como uma invasão, se ele se sente sem recursos, subjugado, incapaz de se defender, ameaçado no *setting*, então o que ocorre é que ele se fecha e o resultado pode ser que seu mundo interno fique ainda mais longe, inatingível, incomunicável.

Criatividade e brincadeira

Agora gostaria de introduzir um outro conceito muito importante no pensamento de Winnicott, o conceito de brincar. Winnicott não fala em brincadeira, fala em brincar, o verbo. Ele aproxima a noção à vivência da sessão analítica. O analista brinca com a realidade subjetiva que se presentifica na sessão e estimula o paciente a fazer a mesma coisa, deixando o ambiente da sessão um pouco mais leve. Vamos deixar claro: o analista brinca com a realidade subjetiva não só do paciente, mas com sua própria subjetividade, que também aparece no encontro. Ele não teme a subjetividade: nem a sua, nem a do paciente. É como uma dança, em que um só pode ir aonde for outro. O analista tem de se deixar levar, se oferecer, se presentificar, estar sem preconceitos sobre o que vai acontecer na sessão, não pode conduzir sozinho. Tem de olhar para seu "bebezinho" e ver se é hora de arrotar ou de beber leite, ou de brincar com a ponta do cobertor. Não estamos dizendo que o analista deve trazer para a sessão material próprio: a mamada é do bebê. Mas dizemos que, ainda que o material tratado seja o do paciente, o analista vive realmente emoções e participa do encontro com elas. A sessão criativa é um espaço-tempo-teatro onde se vive, cria-se, sofre-se e alegra-se a dupla paciente-analista, numa dramatização que só tem valor porque é investida de afeto - uma *brincadeira* tão real quanto a realidade socialmente construída.

O brincar é essencial, porque é por meio do brincar que se manifesta a criatividade. Nessa brincadeira, o paciente pode mobilizar todos os recursos disponíveis em sua personalidade. A grande obra de criação de que estamos falando, certamente, é o próprio eu - ou self do paciente. Trata-se de um trabalho que se realiza quando se permite um jogo de contrastes, de associações de partes que antes estavam dissociadas. O eu é ao mesmo tempo descoberto e construído - esse trabalho só pode se dar plenamente no ambiente da brincadeira. Quando o ambiente não é o da brincadeira no sentido que Winnicott está propondo, o paciente - adulto e criança - não pode mobilizar seu eu integral, ele fica sério demais para aceitar tudo o que é e tudo o que pode ser. É nesse ambiente experimentativo da brincadeira que é possível a manifestação de todas as partes do eu, inclusive das partes mais negadas e escondidas. Partes ocultas não apenas do paciente são mobilizadas, mas do analista também.

Não raro, os pacientes podem estar procurando se encontrar por meio de um trabalho obsessivo. Mas o self não pode ser encontrado a partir de produções corporais ou mentais obsessivas, ainda que essas produções possam ter valor. Frequentemente, o que o paciente mais precisa em uma sociedade tão complexa e competitiva como a nossa é de um outro tipo de experiência - uma experiência de um estado não intencional. Em meio a tanta demanda por produção e criatividade, sempre orientado por uma intencionalidade, ele precisa, ao contrário, de um estado de interação livre, de personalidade não integrada. Trata-se de um estado de amorfia. Mas essa experiência de não intencionalidade só se dá no ambiente da confiança. Corpo e mente relaxam na não intencionalidade. Nessa sessão, se permite a liberdade de expressão mesmo que esta se dê em um fluxo de pensamentos sem ligação. Cabe ao analista aceitar esse fluxo desconexo com naturalidade, sem forçar qualquer conexão artificial, sem tentar encontrar um fio condutor na fala do paciente. A criatividade de que fala Winnicott, que descobre e cria o eu, nasce de um estado sem demanda por criatividade.

Podemos dizer que a soma dessas muitas experiências de relaxamento e criação é que permitem a formação de um sentimento verdadeiro de self. É no brincar e talvez apenas no brincar que a criança e o adulto experimentam liberdade suficiente para criar e criar-se. Chama-se esse espaço de potencial porque é um espaço onde toda a potência do indivíduo se mobiliza em busca de uma concretização não obsessiva.

Conclusão

A experiência com pacientes (e consigo mesmo) indica que pouco adianta adaptar-se submissamente ao mundo socialmente construído e não ter o desfrute de viver. O brincar criativo é um modo de se enfrentar com a realidade que valoriza essa alegria de estar vivo. Diante do cansaço de sujeição que marca a vida de muitos pacientes, brincar com a realidade se apresenta como a possibilidade de criar, de colocar um tom pessoal na experiência, de rearranjar campos. A tarefa não é apenas desmontar a pretensão narcísica e ilusória, mas impregnar a realidade de algum modo com o sonho, com o desejo. Uma análise que vise apenas a recuperar o contato do paciente com a realidade pode estar desconsiderando o elemento normopático – usando a expressão apresentada por Flávio Ferraz (2002). A marca dessa normalidade patológica é uma enorme defesa diante das próprias possibilidades. São pessoas que vivem pelo medo e pelo cálculo que apenas visa à minimização dos riscos. Não podemos nos relacionar com a realidade apenas em termos de sujeição. A realidade há de ser tratada juntamente com o tema da criação.

Há uma análise tão protegida por um *setting* rigoroso que apenas reforça as defesas do analista e do paciente. Quando pensamos uma sessão criativa, estamos falando do analista que se abstém do autoritarismo e da doutrinação e permite uma fruição mesmo desorganizada da sessão. O analista entrega-se ao que está acontecendo. A análise é uma experiência para o paciente *e* para o analista. Se não for possível experimentar esse estado de relaxamento, essa condição de aprendizado ativamente passiva, ativamente expectante, de fato, não há aprendizado algum: o analista não aprende, o paciente não aprende.

O self verdadeiro se constrói onde não é tão necessária a defesa. O self verdadeiro se cria usando todos os recursos disponíveis na personalidade, permitindo que partes antagônicas se encontrem na sessão. É nesse estado não integrado que o criativo pode aparecer, emergir. A vivência não defendida da sessão, que pode ser pensada próxima ao brincar, promove o encontro de partes dissociadas da personalidade, um encontro do si com o si mesmo. É assim que a dissociação – que pode aparecer em várias nosologias – cede. É possível um eu novo, com raízes em várias ou todas as partes da personalidade. A criatividade de que estamos falando na clínica psicanalítica é certamente esta, a criatividade de si mesmo. Tarefa a ser conquistada.

Referências

ABRAM, J. *A linguagem de Winnicott: dicionário de palavras e expressões utilizadas por Donald W. Winnicott*. Rio de Janeiro: Revinter, 2000.

BERLINCK, M. T. *Psicopatologia fundamental*. São Paulo: Escuta, 2000.

FÉDIDA, P. *Clínica psicanalítica: estudos*. Tradução de C. Berliner et al. São Paulo: Escuta, 1988.

FERRAZ, F. C. *Normopatia. Clínica psicanalítica*. São Paulo: Casa do Psicólogo, 2002.

FREUD, S. (1914) *Edição standard brasileira das obras psicológicas completas*. Rio de Janeiro: Imago, 1996.

GURFINKEL, D. *Do sonho ao trauma: psicossoma e adições*. São Paulo: Casa do Psicólogo, 2001.

LAPLANCHE, J.; PONTALIS, T. *Vocabulário da psicanálise*. São Paulo: Martins Fontes, 1997.

MACEDO, H. O. *Do amor ao pensamento. A psicanálise, a criação da criança e D. W. Winnicott*. São Paulo: Via Lettera, 1999.

______. "Entrevista concedida a M. E. Costa Pereira". *Revista Latinoamericana de Psicopatologia Fundamental*. São Paulo: Escuta, v. IV, n. 4, p. 138-147, dez. 2001.

OUTEIRAL, J. O.; GRANA, R. B. *Donald W. Winnicott: estudos*. Porto Alegre: Artes Médicas, 1991.

REZENDE, A. M.; GERBER, I. *A psicanálise "atual" na interface das "novas" ciências*. São Paulo: Via Lettera, 2001.

WINNICOTTT, D. W. *O brincar e a realidade*. Tradução de J. O. A. Abreu e V. Nobre. Rio de Janeiro: Imago, 1975.

______. *A criança e o seu mundo*. Tradução de Álvaro Cabral. Rio de Janeiro: LTC Editora, 1982.

______. *O ambiente e os processos de maturação. Estudos sobre a teoria do desenvolvimento emocional*. Tradução de I. C. S. Ortiz. Porto Alegre: Artmed, 1983.

______. *Natureza humana*. Tradução de D. L. Bogomoletz. Rio de Janeiro: Imago, 1990.

______. *Os bebês e suas mães*. Tradução de J. L. Camargo. São Paulo: Martins Fontes, 1996.

______. *Tudo começa em casa*. Tradução de P. Sandler. São Paulo: Martins Fontes, 1999.

______. *A família e o desenvolvimento individual*. Tradução de M. B. Cipolla. São Paulo: Martins Fontes, 2001.

O ATENDIMENTO DE PACIENTES DIFÍCEIS[1]

Sérgio de Gouvêa Franco

O caso difícil, antes de mais nada,
é aquele que não é fácil para o analista.
(César, 2003, p. 45)

INTRODUÇÃO

Em seus primeiros anos de trabalho, Freud classificava seus pacientes como histéricos ou psicóticos. Sua clínica avança e seu pensamento se complexifica: aparece a chamada segunda tópica, a noção de complexo de Édipo amadurece, a sexualidade pré-genital é valorizada. Sua psicopatologia passa a ficar associada à ideia de pontos de fixação na história da sexualidade. A classificação dos doentes relaciona pontos de fixação a diferentes tipos de doença. Quando a intensidade da angústia, em um dado momento, é muito elevada, surgem defesas que podem comprometer o desenvolvimento posterior. A classificação das neuroses é feita, assim, gravitando em torno das ideias de terror diante da castração e complexo de Édipo. O que atualmente consideramos pacientes difíceis ou psicóticos foi, de algum modo, considerado por Freud quando trata do narcisismo; ele agrupa esses pacientes entre os que padecem de perturbações egoicas. Como a neurose de transferência não se dá, Freud teme que esses pacientes não sejam tratáveis.

1 Este capítulo foi originalmente apresentado no Encontro Científico da Associação Universitária de Pesquisa em psicologia Fundamental, Petrópolis (RJ), nov. 2005. Disponível em: <http://www.fundamentalpsychopathology.org/uploads/files/encontro_cientifico_2005/ec_-_sergio_de_gouvea_franco.pdf>. Acesso em: nov. 2012.

Sándor Ferenczi contribui para mudar esse quadro. Ele percebeu que a psicanálise poderia aprender com os pacientes difíceis e adaptar sua técnica para poder tratá-los. Melanie Klein caminhou na mesma direção: pensava que o fracasso no atendimento tinha relação com uma falha na técnica e não na escolha do paciente. Ela própria, cuidando de crianças, aprendeu muito sobre a psicose. A história precoce dos casos passou a ser cada vez mais valorizada. Abraham, Jung, Balint e tantos outros trouxeram seus aportes para o atendimento de pacientes difíceis, mas aqui queremos valorizar o trabalho do inglês Donald Winnicott.

Pierre Fédida adverte-nos que todo caso é difícil: quanto a isso, não devemos nos iludir. Destaca, entretanto, que o modelo do tratamento do neurótico fica, não raro, questionado, aparecendo o que chama complicação da técnica (Fédida, 1988). Uma definição inicial de paciente difícil pode ser encontrada em Fátima Florido César: paciente difícil é o paciente difícil *para o analista*:

> O caso difícil, antes de mais nada, é aquele que não é fácil para o analista. Uma reflexão sobre esses casos deve passar obrigatoriamente por uma reflexão sobre a contratransferência. Perturbações, desassossegos, inquietação. Angústia, raiva. Premência em ajudar, agonia diante do pedido do paciente de alívio do sofrimento. O paciente dificulta, "bagunça o *correto-setting*" do analista. A técnica clássica não dá conta de responder às questões. A técnica requer, portanto, elasticidade - como disse Ferenczi. Salvem o caso difícil! Salvem o analista! Um analista em apuros, com dúvidas sobre sua identidade e sua atuação. Ainda faz psicanálise quando modifica o enquadre, quando se irrita ou quase chora diante do relato dramático? (César, 2003, p. 45).

É com a sensação de estar transitando em terreno escorregadio, difícil para o analista, vivendo em situação complicada, quando a técnica é refeita com perplexidade, a psicopatologia é transformada, que se luta para ter o que Fédida chamou uma psicanálise terapêutica com pacientes difíceis.

O EU DA CRIANÇA DEPENDE INICIALMENTE DO EU DA MÃE

Na tradição alinhavada - Freud, Ferenczi, Klein -, Winnicott vê o eu da criança inicialmente dependente de um eu auxiliar, um eu que se adapta às necessidades do lactante: em geral, a mãe ou um substituto dela. Ele se preocupa em entender como se dá a emergência de uma figura (mais ou menos) autônoma a partir dessa indiscriminação e dessa fusão inicial. Sua classificação nosográfica tem a ver com os percalços e os sucessos desse processo, que começa na dependência total, e ruma à autonomia e à independência. No processo de discriminação, o amor erótico, o ódio e a agressão concorrem conjuntamente. Se a adaptação inicial do ambiente materno é insuficiente, a fusão da agressividade e de *eros* pode não ocorrer no bebê, impedindo que o mundo não eu se configure. Os objetos externos não aparecem com a sensação de realidade que poderiam aparecer: o paciente, mais tarde, descreve sensações de irrealidade.

Winnicott postulou uma nova noção de regressão, que não é a freudiana, relativa às fases de desenvolvimento da libido e aos pontos de fixação. Quando fala em regressão, está se referindo ao retorno a posições de dependência do início da relação mãe-filho. A regressão passa a ser vista como um recurso da clínica, um esforço do próprio paciente para se curar. Cabe ao analista, que a essa altura é um analista terapeuta, suportar[2], vale dizer, oferecer as condições para que essa regressão ocorra em uma situação mais ou menos segura para o paciente.

A psicose não é pensada apenas como uma reação às angústias que surgem nas vicissitudes da história da sexualidade. A tendência regressiva no caso psicótico, explica Winnicott:

> [...] é parte da *comunicação* por parte do indivíduo doente, que o analista pode entender do mesmo modo que entende os sintomas histéricos como comunicação. A regressão representa a esperança do indivíduo psicótico de que certos aspectos do ambiente que falharam originalmente possam ser revividos, com o ambiente dessa vez tendo êxito ao invés de falhar na sua função de favorecer a tendência herdada do indivíduo de se desenvolver e amadurecer (Winnicott, 1983, p. 117).

---

2 Winnicott usa a expressão inglesa *holding*.

Um elemento do pensamento de Winnicott que vale destacar é resultado de todo um desenvolvimento que começa com Freud e passa por Klein: tem a ver com a noção de personalidade digamos válida, autêntica. Freud elabora noções de Abraham em "Luto e melancolia", que Klein aprofundará. Elementos da ação do supereu anteriores ao complexo de Édipo são determinantes para separar dois tipos de depressão. Klein mostrou que há uma depressão que corresponde a uma etapa importante do desenvolvimento da criança e a qual ela chamava posição depressiva, ao passo que Winnicott chama capacidade de se preocupar. Mas Klein falava também de uma depressão (que talvez pudesse ser chamada melancolia) que produz um empobrecimento, uma despersonalização característica dos pacientes esquizoides, fruto de um sofrimento em um estágio muito precoce. Tais pacientes são marcados pela dissociação e pela intensa instabilidade de humor.

Surge assim uma psicopatologia que leva em conta que o eu da criança depende, de modo cabal, inicialmente do eu da mãe. Surge uma psicopatologia e uma técnica, relativa às várias perturbações possíveis no processo de desfazimento dessa dependência. Claro que Winnicott está se referido a uma doença, digamos, propriamente mental. Como médico, ele reconhece que doenças cerebrais podem produzir perturbações mentais, mas não é disso que fala. Fala das doenças que surgem prioritariamente das condições psicodinâmicas, ainda que possa haver um apoio em uma *complacência somática*. Acompanhando Freud, ele distingue dois tipos de pacientes. O paciente neurótico é o que teve uma infância que permitiu que se estabelecesse a primazia da genitalidade e as manifestações todas do complexo de Édipo, com o terror da castração. As diferentes defesas diante das angústias do processo distinguem diferentes tipos de neurose. Para ele, a técnica freudiana não deve de modo algum ser alterada. Quando aparecem angústias relativas não ao Édipo e à castração, mas relativas ao aniquilamento e à destruição do self, é diante da psicose que se está. A personalidade não está em condições de manter relações objetais integrais. Winnicott postula também um terceiro tipo de paciente que classifica como *paciente com comportamento antissocial*. Suas ideias sobre este último tipo de paciente são complexas e merecem um tratamento diferenciado, não abordado neste capítulo.

Para Winnicott, os distúrbios psicóticos são produzidos por deficiências no estágio que ele chama *dupla dependência*. O bebê está de tal modo dependente da mãe, que não pode reconhecer essa dependência. Quando não há uma provisão ambiental (mãe) suficientemente boa, aparecem falhas no desenvolvimento. O self não se desenvolve adequadamente, aparecendo no extremo a doença esquizofrênica. A classificação psicopatológica de Winnicott procura levar em conta as anormalidades ambientais a que fica sujeito o bebê. Repetindo: as deficiências ambientais que produzem a psicose são as relativas a um período muito inicial, caracterizado pela dupla dependência. O bebê não pode perceber o ambiente como separado de si: não percebe o suprimento nem a falha no suprimento ambiental. *Grosso modo*, se o ambiente não falha em suas funções essenciais aparece a neurose; caso contrário, aparece a psicose. Só no último caso é que a técnica precisa ser reformulada.

Entre a neurose e a psicose, há toda uma gradação de pacientes que se aproximam mais de um ou de outro extremo. Quando se está francamente na psicose pode ocorrer o colapso total das defesas, surgindo a necessidade de seu refazimento. Esse colapso vivido como caos, como devastação, é raro nos consultórios. Mais comum são os pacientes aqui chamados difíceis, objeto deste capítulo, pois com o funcionamento propriamente psicótico neles aparece também, mais ou menos intensamente, o funcionamento neurótico. Pacientes esquizoides, fronteiriços, *borderlines*, patologias narcísicas ou personalidades com falso self são outros nomes para o mesmo fenômeno. Esse tipo de gente aparece, aparentemente, cada vez mais nos consultórios dos psicanalistas e dos psicoterapeutas contemporâneos, provocando não apenas perplexidade e sofrimento, mas lançando um verdadeiro desafio à reflexão sobre a prática.

Falsos e verdadeiros selves

O atendimento de casos difíceis muito se beneficia da consideração da noção de falso self de Winnicott. Nas condições mais favoráveis, a mãe cria um ambiente que possibilita o desenvolvimento psíquico feliz do bebê. O indivíduo que daí emerge se sente real, verdadeiro, desfruta de sua existência. Caso contrário, aparece o que ele chama falso self. É possível rastrear a noção de falso self até Freud, que já havia identificado a cisão na personalidade como marca de qualquer padecimento psíquico. Há uma parte mais autêntica que ficou submersa no neurótico, ligada às pulsões eróticas. O indivíduo esconde como um segredo esse núcleo, que está recoberto por um aspecto da personalidade mais exterior e relacionado às expectativas sociais. Essa vida falsa, oca, como a de um espantalho, encontra descrição em várias formas de literatura psicológica, humanística, religiosa, existencial e poética de diferentes séculos. A noção de *persona* de Jung, no século XX, ou a vida frívola que "ocorre atrás do vento" do livro hebraico de Eclesiastes, vários séculos antes de Cristo, são exemplos dessas descrições.

A experiência de Winnicott, que combina o trato íntimo de bebês e o cuidado de pacientes graves, levou-o a concluir que um falso self pode se desenvolver em pacientes difíceis. Essa falsa personalidade funciona como uma proteção para os elementos mais autênticos que ficam soterrados. O falso self implanta-se como se fosse real, mas, cedo ou tarde, ele falha, gerando perplexidade. Se o analista toma o falso self como se fosse real, não ocorre nenhum desenvolvimento importante no tratamento. "Somente o verdadeiro self pode ser analisado", assevera Winnicott (1983, p. 122). O suicídio pode ser uma tentativa de reafirmação do verdadeiro self. A técnica passa a ser regida pela ideia de que o analista deve oferecer condições que permitam ao paciente delegar ao analista a proteção que antes era exercida pelo falso self. Isso se dá mediante uma regressão do paciente, dependendo do analista, como se fosse uma criança. Uma experiência que o analista deve se perguntar se está pronto a viver.

Winnicott observou que quando a mãe oferece uma provisão para seu recém-nascido, ele se desenvolve. Não que a mãe produza o desenvolvimento, mas é ela quem propicia as condições para que seu filho cresça. Ele crê que o bebê tem sua dinâmica própria e o paciente também, que deve ser respeitada como se fosse um solo sagrado. Nesse sentido, a abstinência é total. O processo maturativo depende da mãe e do terapeuta, porque, se não houver suporte, o crescimento se interrompe. "Mas o ambiente não faz a criança. Na melhor das hipóteses possibilita à criança concretizar seu potencial" (Winnicott, 1983, p. 81).

É importante ter em conta que essa *adaptação* da mãe a seu filho e do analista a seu paciente difícil não significa de modo algum atender às demandas instintivas. Pelo contrário, Winnicott continua com a abstinência freudiana: a mãe e o analista podem e até devem frustrar as demandas que vêm do id. O que ele está dizendo é que é fundamental cuidar do eu emergente do bebê ou do profundamente frágil eu do paciente difícil. Essas necessidades egoicas têm relação com uma capacidade de se identificar com o bebê-paciente para proteger seu desenvolvimento. É essa capacidade de adaptação que possibilita uma dose de integração, que não se consolida nas personalidades do falso self. É como se o eu corporal pensado por Freud ficasse com dificuldades de se estabelecer. Há uma perturbação tal em seu processo de desenvolvimento, que resulta em despersonalização, fragmentação e sentimento de irrealidade.

Uma observação interessante da clínica de Winnicott é que em pacientes com alto potencial intelectual pode ocorrer uma perturbadora associação entre falso self e intelectualização. Esse tipo de quadro pode ser encontrado atualmente com tanta frequência como no tempo de Winnicott. É como se a mente – é preciso notar: mente, não psique – se distanciasse do psicossoma. O paciente tem um funcionamento mental superatrofiado: toda a vida é enfrentada pela intelectualização. Trata-se, no entanto, de uma reflexão divorciada do corpo, desencarnada, apartada de sentimentos, impulsos e sexualidade. Perturbações na imagem corporal podem se dar de modo grave. É como se o paciente estivesse fora de seu próprio corpo.

Quando a mãe opera de modo satisfatório, ela permite que o bebê tenha a ilusão de onipotência e de estar criando o mundo a seu redor. O incipiente eu se sente forte e se constitui. A desilusão se dá de modo gradativo, em uma sincronia entre o fortalecimento do bebê e o paulatino distanciamento emocional da mãe. Quando a mãe falha em suportar a onipotência inicial do bebê, não valoriza seu gesto espontâneo, o bebê substitui seu gesto próprio por um gesto submisso na tentativa de capturar a atenção da mãe. É essa submissão inicial que é a base do falso self. Pode até mesmo ocorrer uma vida toda com sucesso social, mas um sucesso que não corresponde a uma expressão autêntica da personalidade. Uma vida marcada pela submissão, sem criatividade, sem espontaneidade. Uma vida sem assinatura própria.

> É uma parte essencial de minha teoria que o self verdadeiro não se torna uma realidade exceto como resultado do êxito repetido da mãe em responder ao gesto espontâneo ou à alucinação sensorial do lactante... sendo a capacidade do lactante de usar símbolos o resultado (Winnicott, 1983, p. 133).

Portanto, quando tudo vai bem, o lactante começa a acreditar na realidade externa e gradativamente renuncia à onipotência. O bebê goza a ilusão de criar e controlar o mundo; gradativamente, ele reconhecerá o elemento ilusório. Essa é a base da capacidade humana de usar símbolos: no início, o símbolo é algo que ao mesmo tempo vem de dentro, é espontâneo e criado, e vem de fora como um objeto externo que será encontrado e investido.

Infelizmente, quando a mãe falha de modo essencial, o lactante experimenta uma morte prematura. Ele não consegue investir os objetos externos, permanece isolado. Sua sobrevivência a essa morte é feita mediante a construção de uma vida falsa. Observando crianças, Winnicott relata:

> O protesto contra ser forçado a uma falsa existência pode ser discernido desde estágios iniciais. O quadro clínico é o de irritabilidade generalizada e de distúrbios da alimentação e de outras funções que podem, contudo, desaparecer clinicamente, mas para apenas aparecer de forma severa em estágio posterior... O lactante é seduzido à submissão e um falso self submisso reage às exigêncis do meio e o lactante parece aceitá-las. Através deste falso self o lactante constrói um conjunto de relacionamentos falsos, e por meio de introjeções pode chegar até uma aparência de ser real, de modo que a criança pode crescer se tornando exatamente como a mãe, ama-seca, tia, irmão ou quem quer que no momento domine o cenário (Winnicott, 1983, p. 133).

Temos de entender que o falso self, no modo winnicottiano de conceber, tem uma função essencial. Ele protege o débil eu - o self autêntico e verdadeiro - de uma exposição que pudesse aniquilá-lo. Assim, para que o self verdadeiro possa aparecer em análise é necessário um longo e profundo período anterior em que se estabelece a confiança do paciente no analista. Só assim o falso self vai se desincumbindo da função de proteger o frágil self, delegando essa tarefa ao analista. Essa função ativa do analista de amparar, segurar, o paciente difícil é que permite o contato com as partes verdadeiras do paciente. Um resultado do trabalho do analista que permite que o paciente possa experimentar profunda dependência.

Contratransferência

Não devemos nos iludir sobre a extrema dificuldade da condução do tratamento dos pacientes ditos difíceis. Estou de acordo com Winnicott quando ele afirma que só podemos suportar esse lugar porque o fazemos por questões profissionais. Não aceitaríamos na vida pessoal o que aceitamos desses pacientes. No consultório, o analista sustenta uma posição idealizada, nós nos comportamos de um modo mais amadurecido, mais estável, menos responsivo às provocações do paciente do que faríamos na vida pessoal. Isso tudo só é possível mediante uma análise pessoal profunda e com o auxílio de supervisão.

Isso não quer dizer que o analista deva tomar o *setting* de modo rígido. Nesse caso, sua força seria fraca e a tensão estaria exageradamente presente. O analista tem de estar realmente presente, livre e espontâneo. Na concepção de Winnicott, isso é um paradoxo a ser mantido: "O psicoterapeuta (analista ou psicólogo analista) deve permanecer vulnerável e ainda assim reter seu papel profissional durante suas horas de trabalho" (Winnicott, 1983, p. 147). A clínica pede uma presença real do analista, ao mesmo tempo que pede um profissionalismo do analista.

Muito importante seria acompanhar a discussão proposta por Winnicott sobre o analista não ficar na posição masoquista com esse tipo de paciente: que ele possa estar em contato com seu desconforto e ódio para não atuar esse ódio nem se submeter às determinações e demandas do paciente.

Referências

CÉSAR, F. F. *Dos que moram em móvel-mar: a elasticidade da técnica psicanalítica*. São Paulo: Casa do Psicólogo, 2003.

FÉDIDA, P. "Amor e morte na transferência". *Clínica psicanalítica: estudos*. São Paulo: Escuta, 1988.

WINNICOTT, D. W. *O ambiente e o processo de maturação*. Porto Alegre: Artes Médicas, 1983.

Sobre os autores

Sérgio de Gouvêa Franco

Psicanalista com prática clínica em São Paulo; doutor pela Universidade de Campinas - Unicamp, com tese recebida com distinção e louvor, que se transformou em livro: *Hermenêutica e psicanálise na obra de Paul Ricoeur*; pós-doutor em psicologia clínica pela Pontifícia Universidade Católica de São Paulo - PUC-SP. Membro do Departamento de Psicanálise do Instituto Sedes Sapientiae, onde fez formação em psicanálise; membro da Associação Universitária de Pesquisa em Psicopatologia Fundamental. Membro do Laboratório de Psicopatologia Fundamental da PUC-SP. Professor de psicanálise do Centro de Estudos Psicanalíticos - CEP. Membro do Conselho Científico da Coleção Psi da Editora Appris. Integrante da Comissão de Pesquisa e Publicações da Sigmund Freud Associação Psicanalítica, de Porto Alegre. Autor de artigos publicados no país e no exterior, além de livro e capítulo de livros em coletâneas. Estudou ciências exatas com mestrado em engenharia na Universidade de São Paulo - USP. Estudou também filosofia e religião com um segundo mestrado no Canadá. Foi reitor da Fundação Escola de Comércio Álvares Penteado - FECAP de 2006 a 2010. Professor de pós-graduação do Centro Universitário FECAP. Rua Napoleão de Barros, 299, CEP: 04024-002, São Paulo, SP. e-mail: sg-franco@uol.com.br.

Manoel Tosta Berlinck

Manoel Tosta Berlinck é sociólogo; psicanalista; Ph.D. pela Cornell University, Ithaca, EUA; professor da Universidade Estadual de Campinas - Unicamp

(1972-1992); professor do Departamento de Psicologia do Desenvolvimento da Faculdade de Ciências Humanas e da Saúde da Pontifícia Universidade Católica de São Paulo - PUC-SP; professor do Programa de Estudos Pós--Graduados em Psicologia Clínica da Faculdade de Ciências Humanas e da Saúde da Pontifícia Universidade Católica de São Paulo, na qual dirige, desde 1992, o Laboratório de Psicopatologia Fundamental; presidente da Associação Universitária de Pesquisa em Psicopatologia Fundamental - AUPPF (2002-2014); editor responsável de *Pulsional – Revista de Psicanálise* (1987-2009) e da *Revista Latinoamericana de Psicopatologia Fundamental*; membro da World Association of Medical Editors - WAME (Associação Mundial de Editores Médicos); diretor da Livraria Pulsional - Centro de Psicanálise (1987-2009) e da Editora Escuta (1987-2009); autor de Psicopatologia fundamental (2000) e de Erotomania, com German E. Berrios (2009), entre outros livros e numerosos artigos. E-mail: mtberlin@uol.com.br. Portal: http://www.psicopatologiafundamental.org e http://www.fundamentalpsychopathology.org.

Karin Hellen Kepler Wondracek

Psicanalista com prática clínica em Porto Alegre; doutora pela EST (São Leopoldo, RS), com estágio doutoral na Universidade de Erlangen-Nüremberg (Alemanha), com pesquisa sobre fenomenologia da vida e psicanálise publicada como "Psychoanalyse und Lebensphänomenologie Ein Beitrag zur Klinischen Psychologie" (Freiburg, Editora Alber). Pesquisadora do Grupo de Investigação "O que pode um corpo?" do Centro de Filosofia da Universidade Católica Portuguesa, coordenadora do núcleo de investigação na Sigmund Freud Associação Psicanalítica, de Porto Alegre. Professora na Faculdades EST, professora convidada na USP. Membro pleno e docente da Sigmund Freud Associação Psicanalítica. Autora de artigos publicados no país e no exterior, além de livros e capítulo de livros em coletâneas. Estudou psicologia na PUC-RS e fez mestrado em teologia na EST sobre a vida e o pensamento de Oskar Pfister e sua correspondência com Sigmund Freud, que traduziu ao português. Rua Carlos Von Koseritz, 1336, CEP 90540-030 Porto Alegre, RS. e-mail: karinkw@gmail.com.

O selo PSI da Primavera Editorial foi criado para o lançamento de obras técnicas que oferecem aos leitores das áreas de psicologia e psicanálise a possibilidade de crescimento, reflexão e aprendizado continuado.

PSI
PRIMAVERA
EDITORIAL

TÍTULO **Mandrágoras, clínica psicanalítica: Freud e Winnicott**
©2014, Sérgio de Gouvêa Franco, Manoel Tosta Berlinck e
Karin Hellen Kepler Wondracek

Equipe editorial LINDSAY GOIS E LOURDES MAGALHÃES
Revisão LINDSAY GOIS E SÉRGIO DE GOUVÊA FRANCO
Capa, projeto gráfico e diagramação MARIANA CARBONELL
Imagem da p. 32 NATIONAL EDUCATION NETWORK (E2BN).
<http://gallery.nen.gov.uk> – cortesia de Karen Davies

Dados Internacionais de Catalogação na Publicação (CIP)
(Câmara Brasileira do Livro, SP, Brasil)

Franco, Sérgio de Gouvêa
Mandrágoras, clínica psicanalítica: Freud e Winnicott / Sérgio de Gouvêa Franco, Manoel Tosta Berlinck, Karin Hellen Kepler Wondracek. -- São Paulo: Primavera Editorial, 2013.

ISBN 978-85-61977-48-1

1. Freud, Sigmuund, 1856-1939 2. Psicanálise 3. Psicologia clínica 4. Winnicott, Donald W., 1896-1971 I. Berlink, Manoel Tosta. II. Wondracek, Karin Hellen Kepler. III. Título.

13-07967 CDD-150.195

Índices para catálogo sistemático:
1. Psicanálise: Teoria: Psicologia 150.195
2. Teoria psicanalítica: Psicologia 150.195

PRIMAVERA
EDITORIAL
Rua Ferreira de Araújo, 221 - Cj. 75
05428-000 – São Paulo – SP
Telefone: (55 11) 3034-3925
www.primaveraeditorial.com
contato@primaveraeditorial.com

MANDRÁGORAS, CLÍNICA PSICANALÍTICA:
FREUD E WINNICOTT

foi impresso em São Paulo
pela gráfica Paym
para Primavera Editorial
em fevereiro de 2014.